AUF DEM STRICH

MÄDCHENPROSTITUTION IN WIEN

Eine Dokumentation von

Carolin Tener und Tina Ring

Milena
VERLAG

Gedruckt mit freundlicher Unterstützung durch das Bundesministerium für Bildung, Wissenschaft und Kultur, die BGF – Stadt Wien, Bereichsleitung Gesundheitsplanung und Finanzmanagement, das Magistrat der Stadt Wien, die Magistratsabteilung 7 – Kultur, Wissenschafts- und Forschungsförderung

Bereichsleitung für Sozial- und Gesundheitsplanung sowie Finanzmanagement

Bibliografische Information Der Deutschen Bibliothek
Die Deutsche Bibliothek verzeichnet diese Publikation in der Deutschen Nationalbibliografie; detaillierte bibliografische Daten sind im Internet über http://dnb.ddb.de abrufbar.

Dokumentation Band 31
Lektorat: Lika Trinkl
Covergestaltung: Lika Trinkl, unter Verwendung eines Fotos von Karin Ballauff
Satz und Layout: Vanessa Wieser
Druck und Bindung: Druckmanagement s.r.o.

A-1080 Wien, Lange Gasse 51/10
www.milena-verlag.at

ISBN 3-85286-142-X

DEN MÄDCHEN UND JUNGEN FRAUEN
MIT DEM GRÖSSTEM RESPEKT
UND ALLER WERTSCHÄTZUNG

Inhaltsverzeichnis

AUF DEM STRICH
MÄDCHENPROSTITUTION IN WIEN

VORWORT

Dieses Buch appelliert mit Vehemenz an unser aller Verantwortung, junge Mädchen, die als ihren letzen Ausweg den »Baby Strich« ansehen, nicht im Stich zu lassen. Die Autorinnen machen mit ihrer Untersuchung transparent, dass die betroffenen jungen Frauen auf ein einsames, von frühester Kindheit an sich selbst überlassenes Leben ohne Liebe, Unterstützung und Fürsorge zurückblicken, das überdies von Gewalt, Verrat, sexuellem Missbrauch und tiefer Enttäuschung erfüllt ist!
Das Buch straft all jene Lügen, die Mädchen, die sich prostituieren, diskriminieren, verachten und kriminalisieren, anstatt zu fragen und zu verstehen. Wie verletzend und hoffnungslos muss ein Leben sein, das Mädchen auf den »Baby Strich« und in eine Existenz der Illegalität – schutzlos ausgeliefert der Macht der Zuhälter und Freier – führt?

Die Autorinnen haben mit größter Empathie, Engagement und wissenschaftlicher Seriosität den Mädchen eine Stimme und uns somit einen wertvollen Schlüssel zum besseren Verständnis gegeben.
Das vorliegende Buch rüttelt auf und macht betroffen.

Ich möchte den Autorinnen zu ihrem engagierten Buch gratulieren und ihnen danken, dieses Thema, zu dem es bislang wenig wissenschaftliche Untersuchungen und Publikationen gibt, mit aller gebotenen Objektivität und mit Verständnis aufgegriffen zu haben.

a.o. Univ. Prof. Dr. Beate Wimmer-Puchinger
Wiener Frauengesundheitsbeauftragte

MOTIVATION

Die Idee für die Durchführung einer Studie über weibliche jugendliche Prostituierte entstand während unseres Praktikums in Hamburg. Wir absolvierten im Rahmen unserer Ausbildung an der Fachhochschule St. Pölten zur Magistra für sozialwissenschaftliche Berufe unser viermonatiges Langzeitpraktikum in verschiedenen sozialen Institutionen. Durch die praktische Tätigkeit im Bereich von Vereinen für Prostituierte, der Mitarbeit an einem bundesdeutschen Forschungsprojekt[1] und der Teilnahme an Streetwork, Beratungsgesprächen sowie Kreativangeboten mit und für SexarbeiterInnen im Rahmen dieses Praktikums, gewannen wir erstmals Einblick in die Situation von weiblichen, jugendlichen Prostituierten. Unser Interesse verstärkte sich auch dadurch, dass wir in Hamburg in einem Stadtteil wohnten, in dem vorwiegend minderjährige Mädchen illegal der Prostitution nachgehen – womit wir dann auch unmittelbar konfrontiert waren.

Im Zuge dieses Praktikums und aufgrund der direkten Kontakte mit minderjährigen Prostituierten stellte sich für uns die Frage, was diese jungen Mädchen dazu gebracht hat, sexuelle Dienstleistungen anzubieten. Diese Fragestellung bildete wiederum den Ansatzpunktpunkt dafür, die Situation sich prostituierender Mädchen in Wien zu erheben und zu untersuchen, welche Hilfsangebote existieren. Die anschließende Studie, die wir im Rahmen unserer Diplomarbeiten erstellten, machte es uns möglich, genau diese Aspekte zu untersuchen und Antworten zu erhalten.

---

1 »Lebenssituation, Sicherheit und Gesundheit von Frauen in Deutschland« – nationale Repräsentativuntersuchung zu Gewalt gegen Frauen in Deutschland, durchgeführt von der Universität Bielefeld 2002–2004

Wir hoffen mit diesem Buch dazu beizutragen, dass die Existenz und die Situation dieser Mädchen und jungen Frauen in der Öffentlichkeit wahrgenommen wird und darüber hinaus eine Sensibilisierung für diese Thematik stattfindet. Die Ergebnisse der Studie verdeutlichen, wie notwendig die Implementierung eines Hilfsangebotes für diese Mädchen ist.

EINFÜHRUNG

Mädchen und junge Frauen, die sich prostituieren, haben in ihrer Vergangenheit eine Vielzahl von traumatisierenden und enttäuschenden Erfahrungen gemacht. Sie wurden Opfer sexualisierter Gewalt, von körperlichen Misshandlungen und psychischen Verletzungen, die sie vor allem im Familienkreis erlebten. Das Klima in ihren Familien war und ist von der Alkohol- und Drogenabhängigkeit der Eltern und ihren ambivalenten, unberechenbaren Verhaltensweisen, die durch die Sucht hervorgerufen werden, geprägt. Die Mädchen erfahren nicht die Liebe, Zuwendung und Geborgenheit die sie brauchen, um Vertrauen, Selbstwertgefühl und eine gefestigte Persönlichkeit zu entwickeln. Gewalttätigkeiten und Desinteresse prägen ihre Kindheit und Jugend. In der Beziehung zu ihren Eltern konnte und kann kaum Kontinuität und Sicherheit entstehen, weshalb auch ihre Beziehungsfähigkeit stark beeinträchtigt ist. Die jungen Prostituierten kommen aus allen Schichten der Gesellschaft – sowohl aus reichen, gut situierten Elternhäusern als auch aus finanziell schwachen Familien, wobei der überwiegende Anteil in sozial ungünstigen Verhältnissen aufwächst. Viele haben eine unzureichende Schulbildung und Probleme damit, eine Lehr- bzw. Arbeitsstelle zu finden.

Ihre Biographien werden oftmals von konfliktreichen Familienkonstellationen bestimmt, die aufgrund von Todesfällen, Scheidungen und neuen PartnerInnenschaften der Eltern entstanden sind und tendenziell dazu führen, dass sie sich nicht ausreichend wahrgenommen bzw. verlassen fühlen.

Viele Mütter vermitteln ihren Töchtern auch ein Frauenbild, in dem der Wert von Frauen ausschließlich über Männer definiert wird und eigene Bedürfnisse keine Existenzberechtigung haben. Die Mädchen werden auch mit den ständig

wechselnden Sexualpartnern ihrer Mütter und der Erfahrung, im Zuge dessen kaum mehr beachtet zu werden, konfrontiert. Einige bekommen auch mit, dass ihre Mütter selbst auf den Strich gehen bzw. gegangen sind.
Die Mädchen und jungen Frauen versuchen aufgrund all dieser Erfahrungen, aus der für sie untragbaren familiären Situation zu flüchten und sich den elterlichen Zugriffsmöglichkeiten zu entziehen. Sie machen Erfahrungen mit Unterbringungen in sozialpädagogischen Einrichtungen, aus denen sie aber auch wieder ausbrechen und die Straße als neues Zuhause bzw. als ihren Lebensmittelpunkt wählen. Viele beginnen Suchtmittel zu konsumieren und versuchen auf diese Weise, ihre Probleme aushalten oder sie vergessen zu können. Diese gesamte Dynamik wird verstärkt durch die in der Pubertät ohnehin vorhandene Bereitschaft, Risiken einzugehen und Grenzen zu überschreiten.
Die Einstiegsszenarien in die Prostitution stellen sich vielfältig dar – die Mädchen werden von FreundInnen verleitet, von einer finanziellen Notlage dazu gezwungen oder sie suchen nach Aufmerksamkeit, die sie sonst nirgends erhalten. Bei vielen jungen Prostituierten entsteht die Drogensucht erst nach dem Einstieg in die Prostitution. Sie betäuben sich, um ihre Tätigkeit erträglich zu machen und Gefühle von Erniedrigung und Minderwertigkeit, die beim Bedienen eines Freiers hochkommen, möglichst im Keim zu ersticken. Der rote Faden der Gewalt, der sich durch das Leben dieser Mädchen und jungen Frauen zieht, findet auch auf dem Strich seine Fortsetzung, denn sie sind immer wieder gewalttätigen Übergriffen von Freiern ausgesetzt. Ihr Alltag ist von unsicheren Wohnverhältnissen, vom Druck der Drogenbeschaffung sowie – aufgrund ihres meist illegalen Status – von der Flucht vor der Polizei geprägt. Hilfe von Erwachsenen oder Institutionen wollen sie kaum in Anspruch nehmen, da sie ausnahmslos die Erfahrung machten, niemandem vertrauen zu können und ohnehin nur enttäuscht zu werden. Sie ziehen es vor, sich in selbst gewählte Abhängigkeitsbeziehungen zu

begeben anstatt in jenes Umfeld zurückzukehren, aus dem sie geflüchtet sind.
Ihre Lebensbedingungen und die Prostitutionstätigkeit haben massive Auswirkungen auf ihren psychischen und physischen Gesundheitszustand. Sie stehen stundenlang bei jeder Witterung auf dem Strich und laufen außerdem ständig Gefahr, sich mit Infektions- bzw. Geschlechtskrankheiten zu infizieren, da sie Safer Use- und Safer Sex-Regeln oft nicht einhalten. Ihre seelische Verfassung ist massiv beeinträchtigt durch die traumatischen Erlebnisse ihrer Kindheit, die Auswirkungen ihrer Suchtmittelabhängigkeit, aber auch dadurch, dass sie häufig abwertenden und gehässigen Reaktionen ihrer Umwelt ausgesetzt sind und sich von der Gesellschaft ausgeschlossen fühlen. Viele der Mädchen haben wenig soziale Kontakte außerhalb des Milieus.

Laut Schätzungen des STD Ambulatoriums der Stadt Wien – dem Ambulatorium zur Diagnose und Behandlung sexuell übertragbarer Krankheiten – gibt es ca. 200 Mädchen unter 18 Jahren, die in Wien der Prostitution nachgehen. Die Anbahnung findet hauptsächlich im 2. Bezirk im Stuwerviertel – in der Bevölkerung auch als »Babystrich« bekannt – sowie im 15. Bezirk im Bereich äußere Mariahilferstraße statt. Die Mädchen stehen auf der Straße und warten auf Freier, die meist sehr auffällig in ihren Autos durch die Gassen kreisen. In beiden Bezirken kommt es aus diesem Grund immer wieder zu Beschwerden und Initiativen von AnrainerInnen, denn hinzu kommt, dass die Freier häufig unbeteiligte Passantinnen ansprechen und belästigen.

Die Ausübung der Prostitution von minderjährigen Personen ist laut Wiener Prostitutionsgesetz[2] verboten. Wenn diese gegen das Gesetz verstoßen, begehen sie eine Verwaltungsübertretung[3] und werden zu einer Geldstrafe bzw. bei Unein-

2 § 3 Verbotsbestimmungen
3 Dies gilt allerdings nicht für unmündige Personen (unter 14-Jährige)

bringlichkeit zur Ersatzfreiheitsstrafe verurteilt. Freier, die mit Minderjährigen sexuelle Handlungen vollziehen, müssen nach der österreichischen Gesetzeslage strafrechtlich verfolgt werden – doch dies ist in der Praxis kaum der Fall. Laut Strafgesetzbuch[4] gilt es als sexueller Missbrauch von Jugendlichen, wenn man unter 18-Jährige durch ein Entgelt zu geschlechtlichen Handlungen verleitet. Die Beweisbarkeit stellt sich im Einzelfall als äußerst schwierig dar, denn die Freier behaupten meist, nichts von der Minderjährigkeit der Prostituierten gewusst zu haben[5]. Die Hauptproblematik ist der Nachweis, dass sich Freier vorsätzlich junge Mädchen suchen.

Die rechtliche Situation führt dazu, dass die jungen Mädchen einen illegalen Status haben, zu Täterinnen gemacht werden – ihre Freier jedoch meist ungestraft davonkommen.

Um legal der Prostitution nachgehen zu können, müssen Prostituierte volljährig sein und sich bei der Polizei registrieren lassen. Sie erhalten dann im STD Ambulatorium der Stadt Wien eine Kontrollkarte, auch »Deckel« genannt, für die Voraussetzung ist, dass sie keine Geschlechtskrankheiten bzw. kein HIV/AIDS haben. Die Frauen müssen in einwöchigen Abständen eine medizinische Untersuchung im Ambulatorium durchführen und ihren Gesundheitszustand überprüfen lassen, um die Kontrollkarte zu behalten.[6] Viele Mädchen und junge Frauen beantragen die Kontrollkarte nicht und gehen auch wenn sie das 18. Lebensjahr erreicht haben, weiterhin illegal der Prostitution nach. Die Gründe dafür stellen vor allem die Folgen der Registrierung dar. Registrierte Prostituierte gelten seit 1998 als »selbstständig Erwerbstätige«, müssen sich beim Finanzamt eine Steuernummer lösen und Einkommenssteuer zahlen. Außerdem muss eine Meldung bei der Sozialversicherungsanstalt der Ge-

---

4 § 207 b (3) Sexueller Missbrauch von Jugendlichen
5 Laut Aussagen von Wiener KRIPO-Beamten
6 § 1 der Verordnung des Bundesministers für Gesundheit und Umweltschutz über die gesundheitliche Überwachung von Personen, die der Prostitution nachgehen

werblichen Wirtschaft erfolgen. Diese Gegebenheiten und der bürokratische Aufwand, der damit verbunden ist, schrecken die Mädchen ab und zudem sehen sich die wenigsten selbst als professionelle Prostituierte. Eine große Hemmschwelle stellen auch die ärztlichen Untersuchungen dar, denen sie sich in regelmäßigen Abständen unterziehen müssen. Den Pflichten, die mit einer Registrierung verbunden sind, stehen außerdem wenig Rechte gegenüber, denn Prostituierte verfügen über keine umfassende soziale Absicherung bzw. gelten für sie so gut wie keine arbeitsrechtlichen Schutzbestimmungen.

In Österreich gibt es bisher kaum Literatur bzw. wissenschaftliche Studien zum Thema Mädchenprostitution. Dieses Buch basiert auf den Ergebnissen der empirischen Erhebung, die wir im Rahmen unserer Diplomarbeiten durchgeführt haben und bietet nun erstmals Einblick in die Biographien sowie in die derzeitige Lebenssituation der betroffenen Mädchen und jungen Frauen in Wien. Es macht sichtbar, wie notwendig ein spezifisches Unterstützungsangebot für diese Zielgruppe ist.

DIE STUDIE

Die Studie »Prostitution weiblicher Jugendlicher in Wien« wurde im Rahmen unserer Diplomarbeiten in der Zeit von Jänner 2003 bis Juni 2004 in Wien durchgeführt. Im Mittelpunkt dieser empirischen Erhebung standen drei Forschungsfragen, die auf Vergangenheit, Gegenwart und Zukunft ausgerichtet waren. Zum einen wurden die Beweggründe und Ursachen erforscht, die Jugendliche in die Prostitution führen. Ziel war es herauszufinden, was im Leben dieser Mädchen vorgefallen ist, worin die Gründe für die Prostitution liegen könnten. Hierbei wurden Kindheit, Familie und Jugend fokussiert. Die zweite Forschungsfrage befasste sich mit der aktuellen Lebenssituation der jungen Prostituierten. In diesem Kontext wurden die Mädchen zu den unterschiedlichsten Bereichen ihrer Lebenswelt bzw. zu Themen wie beispielsweise Erfahrungen im Milieu, Gesundheits- bzw. Risikoverhalten und soziale Beziehungen befragt. Somit konnte eine wirklichkeitsgetreue, umfassende Darstellung der Lebenssituationen erarbeitet werden. Die dritte Fragestellung bezog sich auf Unterstützungsmöglichkeiten für diese Zielgruppe und auf die Überlegung, wie ein adäquates Hilfsangebot aussehen könnte. Die Erfassung der Bedürfnisse und Wünsche der Mädchen hinsichtlich eines solchen Hilfsangebots standen hier im Vordergrund. Neben diesen drei Hauptfragestellungen waren im Sinn eines offenen Forschungsprozesses die von den Befragten selbst eingebrachten Themen von zentraler Bedeutung.

Die Zielgruppe der Untersuchung stellten Mädchen und junge Frauen dar, die vor der Vollendung des 18. Lebensjahres mit der Prostitution begonnen haben und zum Zeitpunkt der Erhebung nicht älter als 25 Jahre alt waren. Der Schwer-

punkt der Befragung lag bei österreichischen Staatsbürgerinnen, die keine Kontrollkarte besitzen und somit als Geheimprostituierte definiert werden. Weiters wurden bis auf wenige Ausnahmen Frauen befragt, die auf dem Straßenstrich tätig sind.
Um eine geringere Komplexität und vor allem eine Eingrenzung des Untersuchungsfeldes zu erzielen, wurde bewusst auf die Analyse der Gruppe von sich prostituierenden Migrantinnen /Asylantinnen sowie auf die Miteinbeziehung der Thematik Frauen- bzw. Menschenhandel verzichtet. Weiters wurde in dieser Studie auch Beschaffungsprostitution nicht als gesonderter Bereich untersucht, da die Annahme, dass Drogenkonsum und Prostitution in Wechselwirkung zu einander stehen, den Ausgangspunkt darstellte. Infolgedessen war der Fokus nicht auf drogenkonsumierende, junge Prostituierte gerichtet.
Bis auf zwei Ausnahmen gingen alle Befragten zum Zeitpunkt der Erhebung der Prostitution nach. Ein Mädchen berichtete im Zuge des Interviews, dass sie seit acht Monaten nicht mehr auf den Strich geht, ein anderes machte keine konkrete Angabe dazu. Da viele der jungen Prostituierten früher schon versucht haben auszusteigen, ihnen dies aber nur für kurze Zeit gelungen ist, kann auch bei diesen beiden Mädchen nicht mit Sicherheit angenommen werden, dass es sich bei ihnen um einen endgültigen Ausstieg handelt. Fast keine der befragten Frauen deklariert sich selbst als Prostituierte. Sie sehen ihre Tätigkeit vordergründig als Notwendigkeit für eine gewisse Zeitspanne an und haben kaum professionellen Zugang zur Prostitution.

Die Studie wurde in Kooperation mit dem STD Ambulatorium der Magistratsabteilung 15 in Wien durchgeführt. Die Magistratsabteilung 57 – Frauenbüro der Stadt Wien und die Fachhochschule St. Pölten leisteten finanzielle Unterstützung, um die Realisierung der Studie zu sichern. Als Projektträger der Studie fungierte der Verein SOZAKTIV, dessen

Ziel es u.a. ist, Projekte der Sozialarbeitswissenschaft zu fördern. Darüber hinaus unterstützten viele Personen und Einrichtungen aus dem In- und Ausland die Studie durch ihr Wissen, ihre Erfahrungen und ihre Kooperation.
Um Zugang zur Gruppe der weiblichen, jugendlichen Prostituierten zu finden, lag der erste Schritt darin, Informationen über diese Mädchen beim STD Ambulatorium der Stadt Wien, Magistratsabteilung 15 einzuholen. Frau Mag.ª (FH) Elisabeth Mayer unterstützte uns dabei herauszufinden, wo sich die Zielgruppe zur Ausübung der Prostitution überwiegend aufhält und wann die »Hauptgeschäftszeiten« sind. Da sich die Mädchen vorwiegend im 15. Wiener Gemeindebezirk im Gebiet äußere Mariahilferstraße und im 2. Wiener Gemeindebezirk im Stuwerviertel prostituieren, wurden diese Gebiete aufgesucht, um erste Eindrücke von den Abläufen und Gegebenheiten am Straßenstrich zu gewinnen.
Die Kontaktaufnahme mit den Mädchen und jungen Frauen erfolgte einerseits durch persönliches Ansprechen auf der Straße oder andererseits durch telefonische Kontaktaufnahme von Seiten der Mädchen. In diversen niederschwelligen sozialen Einrichtungen des Vereins Wiener Sozialprojekte (Drogenberatungsstelle Ganslwirt, Stützpunkt Streetwork Karlsplatz, Mobile Anlaufstelle am Westbahnhof) sowie auch im STD Ambulatorium wurden Plakate aufgehängt, um auf diesem Weg Mädchen zu erreichen und für die Teilnahme an der Untersuchung zu gewinnen. Zum selben Zweck fand auch die Verteilung von »Visitenkarten« mit Informationen zur Studie an relevanten Orten – wie dem Stuwerviertel und dem 15. Wiener Gemeindebezirk, aber auch am Drogenszene-Treffpunkt Karlsplatz – statt. Um jederzeit für interessierte Mädchen erreichbar zu sein, wurde ein Wertkartenhandy erworben. Die Nummer dieses Handys wurde auf den Plakaten und Visitenkarten vermerkt bzw. auch per Mundpropaganda im Milieu weitergegeben.

Insgesamt wurden 25 Mädchen und junge Frauen im Alter zwischen 14 und 25 Jahren befragt. Die Studie hat einen explorativ-qualitativen Charakter und erhebt daher keinen Anspruch repräsentativ zu sein. Die Ergebnisse der Erhebung beziehen sich infolgedessen auf die von uns befragten jungen Frauen und stellen damit einen »Ausschnitt« der gesamten Zielgruppe dar.
Die Untersuchungsmethoden setzten sich aus einer Fragebogenerhebung, leitfadenzentrierten Interviews, ExpertInneninterviews sowie einem Literaturstudium zusammen. Die Fragebogenerhebung diente dazu, Grunddaten der Mädchen zu erfassen sowie einen ersten Eindruck von relevanten Themenbereichen zu gewinnen. Der Fragebogen war so konzipiert, dass die Mädchen ihn nicht selbst ausfüllen mussten, sondern die Antworten notiert wurden. Ein einfacher, zügiger Ablauf der Befragung wurde damit gesichert. Zudem hatten einige ExpertInnen im Vorfeld dieser Befragung Zweifel geäußert, dass alle Mädchen der Zielgruppe ausreichend gut schreiben und lesen können. Um die Eignung des Fragebogens zu überprüfen, wurden Pre-Tests mit sechs Prostituierten durchgeführt, die zu Änderungen im Fragebogendesign führten. Nach einigen Vereinfachungen wurde mit insgesamt 15 Mädchen und jungen Frauen der Fragebogen ausgefüllt.

Die zweite Forschungsphase erfolgte einige Wochen darauf mittels leitfadenzentrierten Interviews und wurde mit zehn jungen Frauen durchgeführt. Der Leitfaden für diese Interviews baute hauptsächlich auf den Ergebnissen der Fragebogenerhebung auf, wobei forschungsrelevante Fragen vertieft und ausgeweitet wurden. Es stand jedoch auch im Vordergrund, den Aussagen der Interviewpartnerinnen genug Platz und Authentizität einzuräumen. Aus diesem Grund wurde besonderes Augenmerk auf die Flexibilität der Fragestellungen gelegt, um sich aus dem Gespräch ergebende Themen aufnehmen und weiterzuverfolgen zu können. Die Interviews wurden mit einem Kassettenrecorder aufgenommen und anschließend transkribiert. Die Auswertung des gewonnenen Datenmaterials erfolgte durch die an die Grounded Theory angelehnte Methode des thematischen Kodierens.

Die Fragebogenerhebung dauerte pro Befragung ungefähr 30 Minuten, die leitfadenzentrierten Interviews hingegen nahmen mindestens eine bis maximal drei Stunden in Anspruch. Es wurde darauf geachtet, die Mädchen mit den gestellten Fragen nicht zu überfordern bzw. sie nicht zu detailliert über traumatische Erlebnisse zu befragen, da eine eventuell notwendige Nachbetreuung im Rahmen dieses Projekts nicht gewährleistet werden konnte. Hinzu kam allerdings die Problematik, dass viele der Mädchen durch wiederholte Grenzüberschreitungserfahrungen ihre persönlichen Grenzen nicht mehr wahrnehmen und infolgedessen nicht spüren, wann Fragen zu aufwühlend werden. Aus diesem Grund wurde immer wieder ihr Einverständnis für heikle Fragen eingeholt und laufend nachgefragt, ob sie eine Pause benötigen.
Als Kostenersatz erhielten die befragten jungen Prostituierten 30 Euro für ihre Teilnahme an der Studie, da der Zeitaufwand für sie auch einen Verdienstentgang bedeutete. Es zeigte sich, dass diese 30 Euro einen großen Anreiz darstellten, ohne den einige der Mädchen und jungen Frauen wahrscheinlich nicht an der Erhebung teilgenommen hätten. Unsere Interviewpartnerinnen wurden auch zu Getränken und gelegentlich zu einem Imbiss eingeladen.
Die Interviews fanden an den unterschiedlichsten Orten statt. Manche Befragungen wurden in Kaffeehäusern und Gaststätten durchgeführt, manche in der Mobilen Anlaufstelle des Vereins Wiener Sozialprojekte am Westbahnhof und andere wiederum auf Parkbänken unter freiem Himmel. Obwohl die Interviews nicht immer unter den idealsten Bedingungen – d.h. nicht immer in einem angenehmen, ruhigen Umfeld – stattfanden, gelang es durchgängig, eine gute Verbindung zu den Jugendlichen aufzubauen. Es konnte eine vertrauensvolle und offene Gesprächsatmosphäre erzeugt werden, die

nicht als selbstverständlich angesehen werden kann, denn gerade diese jungen Frauen haben viele enttäuschende Erfahrungen mit Menschen und Institutionen gemacht und neigen daher zu Misstrauen und Verschlossenheit. Außerdem befanden sich einige der Befragten noch in einer Entwicklungsphase, in der Erwachsene häufig als »Gegner« angesehen werden. Dass die Erhebung trotzdem reibungslos und sehr zufrieden stellend verlief, ist möglicherweise darauf zurückzuführen, dass wir Frauen sind und der Bezug zum eigenen Geschlecht immer noch besser ist als der zu Männern. Ein weiterer Vorteil war, dass der Altersunterschied zwischen uns und den Befragten selten groß war und so keine wesentliche, durch das Alter bedingte Kluft entstand.
Einige der – meist telefonisch – vereinbarten Termine wurden von den Mädchen nicht wahrgenommen und sie kamen nicht zu den abgemachten Treffpunkten. Manche von ihnen meldeten sich danach auch nicht mehr. Ihr Nichterscheinen kann u.a. darauf zurückzuführen sein, dass bei vielen Mädchen die Suchtmittelabhängigkeit ihren Tagesablauf bestimmt und sie es daher nur schwer schaffen, Termine einzuhalten.

Der gesamte Erhebungsprozess verlief sehr erfolgreich; zu allen Forschungsfragen wurde ausreichend Datenmaterial erhoben und die Antworten der interviewten Personen können als offen und ehrlich eingeschätzt werden. An dieser Stelle ist zu erwähnen, dass zweifelsohne unklar bleibt, inwieweit die Aussagen der Mädchen sozial »gefällige« Aspekte beinhalten. Es wurde in diesem Sinne davon ausgegangen, dass generell jede Befragung die Wirklichkeit nur in Ausschnitten erfasst und somit immer künstliche bzw. konstruierte Elemente beinhaltet. Eine reflektierende Haltung gegenüber den Aussagen der Mädchen und jungen Frauen ist aus diesem Grund unerlässlich.

Die befragte Zielgruppe bietet durch ihre Tätigkeit, ihren Lebenswandel und ihre Vorgeschichte eine große Angriffsfläche für moralische Diskussionen und verschafft auch zahlreiche Impulse für persönliche Reflexionen über Themen wie z.B. Sexualität oder Suchtverhalten. In diesem Kontext war eine respektvolle Haltung gegenüber den Mädchen und jungen Frauen besonders wichtig. Dies beinhaltet, dass wir ihnen mit einer offenen, wertschätzenden und akzeptierenden Einstellung begegneten und versuchten, ihre Erzählungen immer von einem ganzheitlichen Standpunkt aus bzw. unter Einbeziehung der jeweiligen komplexen Lebenszusammenhänge zu verstehen.
Im Lauf der Gespräche mit den jungen Prostituierten wurde deutlich, dass es im Leben jedes Mädchen bzw. jeder Frau zu Umständen und Situationen kommen kann, die in die Prostitution führen. Wir betrachten die Mädchen daher nicht als Menschen mit einem uns völlig unverständlichen bzw. fremden Leben.

Neben der Fragebogenerhebung und den Leitfadeninterviews stellten die ExpertInneninterviews den dritten großen Teil der Studie dar. Es wurden Fachleute kontaktiert, die mit der Zielgruppe in Wien in Berührung kommen und mit den Mädchen – wenn auch in einem anderen Kontext als der Prostitution – arbeiten (z.B. ExpertInnen aus diversen Drogen- und Streetwork-Einrichtungen, aus dem Fremdunterbringungsbereich der Magistratsabteilung 11 und aus dem Gesundheitssektor). Weiters wurden Gespräche mit zuständigen Kriminalbeamten des 2. und 15. Wiener Gemeindebezirks sowie von der Kriminaldirektion 1 geführt. Im Zuge dessen fand auch die Teilnahme an abendlichen Kontrollfahrten statt, um die Prostitutionsszene von einer anderen Seite kennen zu lernen und von den Erfahrungsberichten der Kriminalbeamten zu profitieren. Einen weiteren Schwerpunkt stellte die Befragung von ExpertInnen in Hamburg dar, da es u.a. in dieser Stadt spezielle Einrichtungen für weibliche, jugendliche Prostituierte gibt. Die ExpertInneninterviews wurden ebenso auf Kassettenrecorder aufgenommen und teilweise transkribiert. Die Suche nach relevanter deutschsprachiger Literatur gestaltete sich schwierig, da es zum Thema Jugendprostitution kaum wissenschaftliches Material gibt. Als Basis diente daher die lebensweltorientierte Literatur von Isabell Tiede[7] und Susan Millhagen[8], die sich mit dem Phänomen der Jugendprostitution in Hamburg beschäftigt haben.

7 Isabell Tiede war 10 Jahre lang Leiterin des Café Sperrgebiets, einer Anlauf- und Beratungsstelle für junge Prostituierte in Hamburg

8 Freie Journalistin und Autorin, die anhand von Analysen sowie Erfahrungsberichten die Jugendprostitution in Hamburg untersuchte

I. LEBENSWELT STRICH

Um die Anonymität der befragten Mädchen sicherzustellen, wurden Angaben, die Rückschlüsse auf ihre Person zulassen könnten, geändert.

1. Aspekte der Lebenssituation

GESUNDHEIT

Der Gesundheitszustand der meisten Mädchen und jungen Frauen ist durch ihre Lebensumstände stark beeinträchtigt; viele berichten über Beschwerden oder Krankheiten, nur wenige fühlen sich körperlich gesund. Eine Expertin berichtet über ihre Beobachtungen in diesem Kontext: **»Der psychische und physische Zustand der sich prostituierenden Mädchen ist total unterschiedlich aus meiner Sicht, die Bandbreite ist von total ungepflegt, verwahrlost, unattraktiv bis hin zu sehr gepflegt und gestylt.«**

Die Arbeitsbedingungen auf dem Strich bergen zahlreiche Risiken für die Gesundheit, denn die Mädchen stehen zu jeder Jahres- und Tageszeit auf der Straße – ihre Tätigkeit lässt sich als Schwerstarbeit bezeichnen. Stundenlanges Warten an kalten, zugigen Ecken ohne die entsprechende Kleidung kann zu chronischen Unterleibserkrankungen wie Blasenentzündungen, Eierstock- und Gebärmutterinfektionen führen.[9] Diese Arbeitsbedingungen tragen dazu bei, dass sich die Mädchen und jungen Frauen ausgelaugt fühlen. Babsi, die seit Jahren nahezu ohne Unterbrechung der Prostitution nachgeht, berichtet: **»Ich fühl mich eigentlich die ganze Zeit müde ... aber sonst ... krank fühl ich mich nicht, aber eben dauernd erschöpft ... weil du bist ja doch 13 oder 14 Stunden am Tag unterwegs und kommst nie zu Ruhe ... ich bin teilweise extrem ... ich steh voll neben mir ... ich kann mich teilweise an Sachen, die noch überhaupt nicht lang her sind, nimmer erinnern ... dann erinner ich mich wieder an Sachen, die ewig her sind ... alles total durcheinander im Kopf ... wie wenn du deppert wirst ... es hört sich jetzt komisch an, aber es is so ... es ist eine totale Verwirrung ... da erinnerst dich an Sachen, da warst so klein und das was du gestern gmacht hast, is weg ... so gehts mir ur oft ... alles is weg ... woher das kommt weiß ich nicht ... ich schätz einmal das ist eine Konzentrationsschwäche oder so.«**

Andreas Gesundheitszustand ist vor allem aufgrund ihrer Drogensucht sehr angeschlagen. Sie beschreibt ihr momentanes Körpergefühl als **»... so schlapp, so fertig.«** Die meisten jungen Prostituierten konsumieren Suchtmittel – vorwiegend Substanzen wie Heroin, Kokain und Benzodiazepine. Mercedes erzählt über ihr Konsumverhalten: **»Ich bin jetzt vom Heroin weg, aber jetzt bin ich umgstiegen auf Koks ... ich schieß Gott sei Dank nicht ... mein ExExfreund, der was gstorben is an AIDS ... ich hab kein AIDS, aber Hepatitis C ... er hats mir immer gmacht, ich selber kanns nicht ... das hat mich damals grettet ... er is gstorben dann an AIDS. Das Heroin ... am Anfang hab ichs graucht, zogen ... da war ich aber in einer Beziehung und dann sind wir umgstiegen ... ja, Koks schießen is so geil ... wir haben dann gmischt, Koks und Braun, ich habs aber nicht können, also hats er mir gmacht. Jetzt tu ich nur ziehn ... ich kanns nicht schießen ... Gott sei Dank, weil mir graust. Mitn Heroin hab ich aufghört ... ich weiß nicht ... ich hab vom Heroin auf einmal nix mehr gspürt, ich hab graucht, graucht ... Geld reinghaut ... beim**

9 vgl. Tiede, 1997: 40

Neger ... und nix mehr gspürt und drauf gschissen ... leider is das weg und dafür is jetzt das Koks da ... zwei, drei Gramm pro Tag ... um so mehr Geld ich hab, umso mehr tu ich ziehen ... aber ich schau trotzdem, dass ich meine Wohnung bezahl, Strom und so ... auf das schau ich schon.« Rita konsumiert seit zwei Jahren Heroin: **»Mit 13 ... mit Heroin spritzen ... jetzt tu ich nur noch ziehen. Ich weiß nicht, ich hab keine Adern mehr gfunden ... und dann hab ichs aufgegeben. Eineinhalb Jahre hab ich gspritzt ... ich weiß nicht, mein Körper hat das nicht mehr vertragen ... ich war irrsinnig dünn ... hab nicht einmal 40 kg ghabt ... ich wollt das auch nimmer ... ich mein okay, jeden Tag wach sein ... okay ... und dann hab ichs halt durch die Nase probiert und jetzt bin ich halt da drauf ... halt weg von den Spritzen.«** Ritas Freundin Nicole berichtet: **»Am meisten rauch ich und eigentlich auch jeden Tag Braunes ... nicht schießen ... ziehen ... seit einem halben Jahr jetzt ... und sonst kiffen ... wenn man fortgeht mit die Leute, die was da auch sind ... auf Festln ... schon auch andere Drogen.«**
Es gibt allerdings Mädchen, die noch nie Drogen konsumiert haben bzw. nicht über das Experimentieren mit Substanzen hinausgegangen sind, wie Stella: **»Ja, Ecstasy hab ich einmal gnommen und verkauft am Karlsplatz, aber auch nicht lang. Ich wollts einfach nicht ... weil ichs bei meiner Schwester gsehen hab, die war auf Heroin und hat gspritzt ... ich will nicht auch so enden.«**

Der Drogenkonsum der Mädchen und jungen Frauen birgt eine Vielzahl von gesundheitlichen Risken. Sie erzählen von Venenentzündungen, defekten Zähnen, Überdosierungen und von Infektionskrankheiten, wie beispielsweise Jenny: **»Ich hab kein HIV ... ich hab Hepatitis C, aber Antikörper. Ich hab momentan auch Probleme mit den Zähnen ... ich hatte einen sehr guten Zahnarzt, der hat auch gwusst, dass ich mit Drogen zu tun hab, dadurch hat er mir schon automatisch die Spritzen so geben, dass ich wirklich keine Schmerzen hab, wenn er irgendwas macht.«** Einige der jungen Prostituierten befinden sich auch in einem Substitutionsprogramm; Mercedes erzählt, wie es bei ihr dazu gekommen ist: »**... da war ich eine Woche auf der Baumgartner Höhe ... das war zu Weihnachen, da hab ich solche Schmerzen ghabt, da hab ich dann erfahren, dass ich Hepatitis C hab ... da bin ich ins Spital einfach gangen ... ins AKH und hab gsagt, dass ich solche Schmerzen hab und dass ich drauf bin und alles ... und ich bin noch minderjährig ... hab das alles aufgschrieben ... da haben sie mir am Anfang Codidol oder so geben und dann haben sie gfragt, ob ich eine Woche auf die Baumgartner Höhe geh und dort eine Woche bleib und mich auf Hepta einstellen lass und ich hab gsagt ›Ja‹ und da hab ich das erste Mal Hepta kriegt ... kurz nach der Geburt ... 16 war ich da.**«

Viele verwenden die Substitutionsmittel jedoch missbräuchlich, in dem sie diese nicht wie verschrieben oral einnehmen, sondern auflösen und intravenös injizieren. Diese Einnahmeweise führt zu einer intensiveren Wirkung der Substanz. Die Mädchen berichten, dass ihnen dadurch ein Teil der Substitutionsmittel übrig bleibt, der dann meist in der Szene weiterverkauft bzw. gegen andere Substanzen eingetauscht wird. Der intravenöse Konsum von Substitutionsmitteln schädigt massiv die Gesundheit, da beim Auflösen der Tabletten ein wachsartiges Bindemittel zurückbleibt, das eine gefährliche Substanz namens Talkum enthält. Wenn diese Inhaltsstoffe mitinjiziert werden, lagert sich das Talkum an den Gefäßwänden ab und kann zu schweren Atemwegserkrankungen oder chronischen Nieren- und Leberschäden führen. Carina, die sich durchaus über die Konsequenzen der missbräuchlichen Verwendung von Substitutionsmitteln bewusst ist, erzählt: »**Das schluckt man, aber wir spritzen es leider und das is sehr, sehr ungesund ... und dazu nehm ich was ich nicht verordnet bekomm ... das sind Langsame wie Rohypnol, Praxiten oder Somnubene ... also zehn Stück nehm ich da am Tag.**«

Wie Carina konsumieren viele neben den Substitutionsmitteln illegale Substanzen; dieser so genannte Beikonsum stellt eine zusätzliche Gefährdung für die Gesundheit dar, denn es können unkalkulierbare Kombinationswirkungen auftreten. Sarah, die bereits als 10-Jährige mit Kokain in Berührung kam, erzählt über ihren derzeitigen Drogenkonsum: **»Nein, ich mein ich hab zwar alle ein, zwei Monate zwischendurch mal einen Rückfall, das is einmal so ... da schau ich aber auch, dass ich da nicht zu Hause bin, dass ich bei einem Bekannten bin oder bei einer Bekannten ... da nehm ich einen ganz normalen Schuss Heroin, Kokain ... von einer früheren Connect von mir ... das teil ich mir auf drei, vier Mal auf ... an einem Abend ... das is so was, was ich alle ein, zwei Monate hab ... wenn der Gusto zu groß wird und im Endeffekt danach ... die Schussgeilheit is nicht so extrem, weil die Ware eben gut is ... aber trotzdem es is irgendwie ... dann hab ich wieder eine Abneigung für eine Zeit lang.«** Babsi berichtet in diesem Zusammenhang: **»... derzeit kann ichs mir nicht leisten, wegen der Wohnung ... ich mein schon ... hin und wieder ... ein Naserl ... weil spritzen würd ich nie wieder machen ... kann ich glaub ich auch gar nicht ... weils einfach nimmer geht ... ja aber hin und wieder.«**

Laut Expertinnenmeinung ist das Konsumverhalten der meisten Mädchen riskant und selbstzerstörerisch, da häufig die basalen Regeln des Safer Use nicht eingehalten werden. Ein besonders großes Risiko sich mit Infektionskrankheiten wie HIV oder Hepatitis C anzustecken besteht, wenn bereits von anderen Personen benützte Konsumutensilien verwendet werden, denn am Spritzbesteck können sich Überreste von infiziertem Blut befinden. Die Mädchen selbst berichten, dass sie auf den sicheren Gebrauch von Drogen achten – viele von ihnen sind aber bereits mit dem Hepatitis C-Virus infiziert[10], was dafür spricht, dass sie die Safer Use-Regeln zumindest in der Vergangenheit nicht immer eingehalten haben, wie beispielsweise Mercedes. **»Hepatitis C hab ich ... sieben Jahre schon ... im AKH haben sies mir schon gsagt ... ich habs vom junken ... 100%ig. Ich weiß Hepatitis C ist wirklich**

10 Der Hauptübertragungsweg des Hepatitis C-Virus ist Blut – die Ansteckung über Geschlechtsverkehr spielt eine untergeordnete Rolle

eine ernste Krankheit, aber ich nehms nicht wirklich wahr, entweder weil ich immer auf Drogen drauf bin, keine Ahnung ... ich nehms nicht wirklich wahr ... was soll ich machen.«

Nur wenige unserer Interviewpartnerinnen geben an, mit dem HI-Virus infiziert zu sein. Janina gehört zu dieser Gruppe: **»Ich hab Hepatitis C und HIV ... vom junken.«** Andrea weiß seit ungefähr drei Jahren von ihrer HIV-Infektion: **»Ich war im Spital, die haben mir Blut abgnommen, dann kommt ein Brief ... positiv ... und ich hab zuerst glaubt, ich hab eh nix, weil positiv kann ja auch anders ausgehen, und so bin ich halt draufkommen, die haben mir einfach einen Brief aufs Bett glegt ... ohne dass sie mir was gsagt haben .«** Andrea geht davon aus, dass sie durch einen ehemaligen Freund mit dem Virus angesteckt wurde. **»Von meinem Ex-Freund, vom Harald. Der hat mir am Sterbebett noch gesagt ›na du bist ja a Hur ... bist es eh net wert zu leben ... ist eh wurscht wenn ich dich angesteckt hab ... du brauchst nicht so lang leben. ‹«** Sie erzählt, dass sie von diesem Mann auch schwanger geworden ist und ein Kind bekommen hat. **»... das eine Kind hab ich von meinem Vater und das andere Kind is von ihm ... vom Harald.«**

Laut Einschätzung einer Expertin ist die Anzahl der jungen Prostituierten, die mit HIV infiziert sind, tendenziell steigend. Sie meint jedoch, dass die Mädchen die Tatsache, dass sie diese Krankheit haben, meist verdrängen bzw. sie vor anderen auch verschweigen. Eine weitere Expertin berichtet, dass bei manchen auch eine resignative Einstellung hinsichtlich einer potentiellen HIV-Infektion existiert, da sie nicht davon ausgehen, den Ausbruch der Krankheit noch zu erleben.

Die meisten Mädchen und jungen Frauen geben an, beim Geschlechtsverkehr mit Freiern immer Kondome zu benutzen. Sie gehen allerdings davon aus, dass sich die anderen Mädchen nicht an basale Safer Sex-Regeln halten. Stella vermutet, dass dies vor allem auf diejenigen zutrifft, die Suchtmittel konsumieren. **»... weil die Drogensüchtigen, die brauchen ja den Stoff, also denk ich mir, dass sie es auch ohne Gummi**

zur Not machen würden, wenn sie dringend das Geld brauchen ... nur ich hab ja keine Drogen gnommen ... also wenn zu mir einer gsagt hat ohne Gummi, hab ich gsagt ›Nein‹ und bin ausgestiegen.« Auch Mercedes ist ähnlicher Ansicht: **»Nein, da geht das Gschäft ja kaputt ... es gibt Frauen, die machen um 30 Euro Verkehr ohne Kondom ... wenns krachen.«**

Carina meint über das Safer Sex-Verhalten der anderen jungen Prostituierten: **»Ich glaub eigentlich schon ... bei Geschlechtsverkehr auf jeden Fall mit Kondom. Bei oral glaub ichs ihnen nicht ... die meisten machens ohne ... obwohl ich weiß, dass man sich da auch mit HIV anstecken kann ... ich weiß sehr wohl, dass man sich auch anstecken kann, aber ich glaub, dass das Risiko nicht so hoch is, aber ich weiß, dass ich trotzdem mit dem Feuer spiel ... aber die Mädchen machen das auch nicht, die anderen ... das glaub ich ihnen dann nicht ... aber bei Geschlechtsverkehr glaub ich schon.«**

Eine Expertin berichtet in diesem Kontext über ihre Erfahrungen: **»Die Mädchen tun oft so, als ob sie das eh wissen, bei längerem Nachfragen gibts dann schon Wissensdefizite ... es ist ihnen unangenehm zuzugeben, wenn sie ungeschützten Verkehr gehabt haben ... die groben Sachen wissen ja schon die meisten ... es gibt halt Situationen wo sie es einfach nicht einhalten ... da gibt es schon oft große Wissensdefizite und je jünger um so größer sind die.«**

Die konsequente Verwendung von Kondomen ist bei suchtmittelabhängigen Mädchen nicht realistisch, denn das Verlangen nach der Droge setzt rationale Handlungen außer Kraft und durch den Konsum kann es zu Gleichgütigkeit und Kontrollverlusten kommen.[11] Riskantes Verhalten wird auch durch die Wünsche der Freier gefördert. »Die große Nachfrage nach ungeschütztem Verkehr zu niedrigen Preisen erhöht die Wartezeit auf akzeptable Freier, woraus ebenfalls eine Notsituation entstehen kann.«[12]

Die meisten der suchtmittelabhängigen jungen Frauen haben

11 vgl. Guggenbühl/Berger, 2001:73–75
12 Guggenbühl/Berger, 2001:74

schon Erfahrungen mit Entzügen und Therapieaufenthalten gemacht, wie Jenny: »**... nachm AKH bin ich ins Schweizerhaus gangen, dort war ich nicht lange clean, weil das is wie ein Drogenplatz mit Schlafmöglichkeit, dort sind wir über die Zäune klettert, sind zur Tankstelle gangen, haben uns den Alkohol besorgt und haben uns besoffen ... oder sind aufd Nacht abposcht zu zweit oder manche auch allein und haben dann die Drogen aufgstellt ... und ich war mit 17 auf Therapie in der Zukunftsschmiede, insgesamt fünf Monate ... hab dazwischen aber zweimal unterbrochen ... einmal zwei Monate und einmal ein Monat ... war dann auch zwei Jahre clean.**«

Auch Babsi, die seit ihrem 15. Lebensjahr Suchtmittel konsumiert, berichtet von ihrem Therapieaufenthalt, drogenfreien Zeiten und Rückfällen: »**... ich war dann 2000 bis 2001 sogar auf Therapie wegen dem Schas ... ich hab mir damals zuviel ... aber nicht absichtlich oder so ... ich wollt mich nicht hamdrahn oder so ... sondern da war ich in der Psychiatrie danach ... das is glaub ich normal, ich weiß nicht ... die sperren glaub ich alle ein, wenn das passiert ... und da haben sie mir eben den Vorschlag gmacht, ob ich das nicht machen will und was ich da für Möglichkeiten hätt, wenn ich das mach ... und ja, das hat mir eigentlich taugt, weil ich mir dacht hab, okay ... wieder auf eigenen Beinen stehen, is sicher leiwander, als dauernd von irgendwas abhängig zu sein ... es is mühsam wennsd aufstehst und dir denkst, wo krieg ich jetzt Geld für Drogen her ... und so bin ich halt zu dem gekommen ... die Psychiatrieleut haben mir dann einen Betreuer vorgstellt ... ja ... ich hab auch relativ lang durchghalten ... aber ich hab halt keinen Willen, ich bin echt eine willenlose Sau muss ich zugeben ... ich zieh fast nix durch ... auch wenns mir nicht taugt ... ich hab nach einem Jahr aufghört, hab aber für eineinhalb unterschrieben ... hab aber gsagt, mir reichts, ich bin geheilt und bin gangen dann. Wie ich fertig war mit der Therapie war ich ein Jahr ganz normal clean ... hab dann auch eine Wohnung wieder ghabt und alles ... hab im 1. Bezirk garbeitet in einem Lokal ... hab wieder viel besseren Kontakt zu meinen Eltern ghabt ... weil das**

war eine Zeit lang ... ich hab mich nicht hingehen traut sowie ich ausgschaut hab ... das hat dann ein Jahr lang anghalten, dann hab ich einen festen Rückfall baut ... so einen richtigen Klescher ... das war einfach so eine Laune und ja ... dann bin ich von der Hackn auch rausgflogen ... hab mir eine neue Arbeit gsucht im 3. Bezirk und bin dann auch umzogen ... dann hab ich irgendwann die Miete nicht zahlt, hab die Wohnung wieder verloren ... bin wieder umzogen und so geht das seit dem ständig ... ich zieh dauernd hin und her ... ich hab nie was Fixes wo ich länger bleib.«

Andrea hat bereits mehrere stationäre Aufenthalte und auch abgebrochene Therapien hinter sich: **»Ich war im Schweizerhaus, Hadersdorf, Marienhof, AKH ... ja, freiwillig ... zwei Wochen hab ichs ausghalten, dann hab ich gsagt, Rudi, hol mich ab.«** Andrea möchte demnächst wieder mit einer Entzugstherapie beginnen, da sie anderenfalls eine Haftstrafe antreten müsste. Sie meint, dass die Motivation für den Entzug wesentlich mit dem Verhalten ihrer Mutter zusammenhängt: **»Diesmal halt ichs durch ... aber was sich ändern müsst ... ich müsst von die Leut weg ... und meine Mutter ... dass sie mich besuchen kommen muss, dass sie für mich da is ... dass ich weiß, dass sie für mich da is ... dass mir die Mama mehr Liebe zeigen würd ... sie hat Angst Liebe zu zeigen, weil sie so enttäuscht werden würd wahrscheinlich ... nicht nur von mir is sie enttäuscht worden, von andern auch.«**

Viele der befragten Mädchen versuchen, Arztbesuche zu vermeiden – die Gründe dafür sind vielfältig. Stella erklärt ihre Abneigung folgendermaßen: **»Na ja, ich geh nicht gern zum Arzt ... also ich versuchs immer so lang wie möglich herauszuzögern ... es is egal welcher Arzt, ich mag keine Ärzte ... ich mag auch kein Spital ... da stinkts einfach ... ich träum zum Beispiel auch im Spital, dass ich an Geräte angschlossen bin und dass mir der Arzt die Geräte abdreht und ins Gesicht lacht ... so was träum ich dann wenn ich im Spital lieg.«**

Auch Carina, die derzeit aufgrund ihrer Substitutionsbehandlung zu regelmäßigen medizinischen Kontrollen geht, erzählt, dass sie sonst selten einen Arzt aufsucht: **»Also ich schieb das immer raus ... eigentlich bin ich fast nie krank ... das is wahrscheinlich durchs Morphium, das unterdrückt das meistens ... das einzige is Zahnarzt ... also ich hab sehr porösen Zahn und panische Angst vorm Zahnarzt und den Schmerzen und ich dräng das immer weiter ... ich verschieb das immer. Ja, einerseits is mir Gesundheit schon wichtig ... andererseits weiß ich, dass ich sie mir momentan ruinier ... dadurch was ich mach ... mit den Tabletten und so ... also es is ambivalent ... ich weiß, was ich mach mit meinem Körper, anderseits weiß ich, dass Gesundheit wichtig is. Seit dem letzten Monat der Schwangerschaft is mir manchmal so schlecht und so ... ich weiß nicht ob das jetzt noch an den Nachfolgen der Schwangerschaft liegt oder ... ich hab früher mal Methadon gnommen und nehm jetzt ein anderes Mittel und ich glaub das vertrag ich nicht so gut.«** Mercedes verweigert Arztbesuche generell, da sie aufgrund ihrer Drogensucht und Prostitutionstätigkeit Schamgefühle hat: **»Ich bin nicht zu faul oder so ... aber es is das Hingehen ... für mich is das ja peinlich.«** Manche Mädchen berichten auch, dass sie keine Krankenscheine haben und ärztliche Untersuchungen sowie Behandlungen meist zu kostspielig sind. Eine Expertin meint, dass viele von ihnen kein verantwortungsvolles Gesundheitsverhalten erlernt haben und in dieser Hinsicht defizitär sind. Einige Mädchen erzählen hingegen auch, dass sie regelmäßig zu ärztlichen Kontrollen gehen bzw. immer dann, wenn sie ein gesundheitliches Problem haben. In diesem Kontext wird von ihnen beispielsweise das STD Ambulatorium der Stadt Wien, das AKH oder das Krankenhaus der Barmherzigen Brüder erwähnt.

WOHNEN

Die von uns interviewten Frauen leben in unterschiedlichen Wohnsituationen – manche wohnen noch bei ihren Eltern oder in Heimen, andere bei ihren Partnern oder alleine. Carina beschreibt ihre Wohnung, in der sie zusammen mit ihrem Freund lebt, folgendermaßen: **»Ja ... aber sie is zu klein, aber sie is sehr lieb ... hübsch eingerichtet, aber zu klein ... aber dadurch, dass meine Mutter ein riesen Reihenhaus hat und dort is es riesengroß und da hab ich Abwechslung.«**

Einige der jungen Prostituierten sind derzeit wohnungs- bzw. obdachlos oder haben in der Vergangenheit Erfahrungen mit unsicheren Wohnsituationen und einem Leben auf der Straße gemacht. Nicole, die aus dem Heim ausgerissen und im Moment obdachlos ist, muss sich wie auch ihre Freundin Rita täglich einen neuen Schlafplatz organisieren: **»Es ist zwar beschissen, es könnte besser sein ... also ich hätt schon auch gern ein besseres Leben ... wie ein eigenes Dach über dem Kopf oder so ... aber bevor ich in ein Heim geh, bleib ich lieber auf der Straße und mach das Leben weiter, das is mir viel lieber. Zufrieden bin ich nicht, aber ich will nicht ins Heim und ich geh auch nicht ins Heim ... weil ich kenn mich ... ich brauch nur drei, vier Tage im Heim sein und mir reichts ... ich hau sowieso ab.«**

Auch Janina lebte einige Jahre auf der Straße, nachdem sie ihre Wohnung verloren hatte: **»... seit einem dreiviertel Jahr hab ich wieder eine fixe Bleibe.«** Mercedes erlebte ebenso Phasen, in denen ihre Wohnsituation unsicher war: **»Mein ExExFreund hat einen Freund ghabt, der hat eine Wohnung ghabt und bei dem haben wir halt gwohnt ein halbes Jahr, net länger, weil er hat dann keine Miete zahlt und is aus der Wohnung gflogen und dann waren wir wieder auf der Straße. Durch die Bewährungshilfe bin ich wieder zu einer Wohnung kommen ... da bin ich dann in ein betreutes Wohnen kommen und nach einem Jahr hab ich dann die Wohnung kriegt, die hab ich noch immer ... obwohl ich drauf bin, zahl ich die Miete und alles und**

schau, dass ichs nicht verlier ... wenn ich das verlier hab ich nix mehr. Die Wohnung is okay, ja, das hat mir meine Oma mütterlicherseits kauft ... einrichten, die drei Monatsmieten, hat alle sie zahlt, Gott sei Dank. Meine Schwester wohnt jetzt auch bei mir.«

Sarah machte ebenfalls Erfahrungen mit Wohnungs- bzw. Obdachlosigkeit – während dieser Zeit lebte sie kurzfristig auf der Straße, meist jedoch wohnte sie in einem Hotel. **»Also das[13] war eigentlich nur dazwischen, eigentlich hab ich mir das Hotel gleistet ... ein halbes Jahr ca. ... zwei Monate lang hab ich in einem Hotel den Monatstarif zahlt ... das ist nämlich für zwei Personen nur 480 Euro ... also das kostet normalerweise 48 pro Tag. Ja, es is ein Stundenhotel, aber etwas teurer.«**

Mädchen, die auf der Straße leben, sind von ihren Familien, von Jugendhilfeeinrichtungen oder Psychiatrien ausgerissen, um sich einer für sie untragbaren Situation zu entziehen. Das Leben auf der Straße bietet den Mädchen die Unverbindlichkeit, die sie vordergründig suchen, denn es müssen keine engeren Beziehungen eingegangen werden, die möglicherweise mit einer Enttäuschung enden könnten.[14] Die meisten von ihnen haben bereits ungünstige Erfahrungen mit Hilfseinrichtungen gemacht. **»Neben dem ›Unverstanden‹-Fühlen sind es oft auch die Mühlen der Bürokratie, die die Mädchen schließlich resignieren lassen ... Aus Angst, erneut enttäuscht zu werden, stellen sie sich lieber darauf ein, dass ihnen wieder nicht geholfen wird.«**[15] Das Leben auf der Straße hat massive Auswirkungen auf die körperliche und psychische Konstitution der Mädchen, denn es bedeutet tagtäglich potenziellen Gefahren und existentiellen Notlagen ausgesetzt zu sein. Speziell weibliche Obdachlose werden von der Gesellschaft stigmatisiert und diskriminiert, denn das Leben dieser Mädchen und Frauen bildet einen starken Kontrast zum traditionellen

13 Damit sind die Phasen gemeint, in denen sie an öffentlichen Plätzen oder in Bahnwagons übernachtet hat.

14 vgl. Bodenmüller, 2001: 84

15 Bodenmüller, 2001:97

Frauenbild – soziale Isolation und Verelendung können die Folgen sein.[16]

Minderjährige, die auf der Strasse leben, sind aufgrund ihres Alters gezwungen, ein Leben in der Illegalität zu führen, was u.a. ständige Flucht vor der Exekutive beinhaltet. Eine zusätzliche Gefahr besteht darin, dass diese Mädchen leicht an Personen geraten, die ihre vorhandene Hilflosigkeit ausnutzen und ihnen eine Schlafmöglichkeit zur Verfügung stellen – im Gegenzug aber sexuelle Gefügigkeit verlangen.

Einen fixen, sicheren Wohnplatz zu haben, bedeutet insbesondere über einen Schutzraum und über Rückzugsmöglichkeiten zu verfügen, in denen auch wesentliche Grundbedürfnisse gedeckt werden können. Eine Expertin zeigt in diesem Zusammenhang auf, dass ein eigener Wohnraum aber nicht zwangsläufig vor Ausgrenzung schützt: »**... manche haben auch ne eigene Wohnung ... halten es aber kaum aus, weil sie da alleine wohnen ... das ist so Isolation und Einsamkeit, die haben ja kaum Kontakte ... sind überhaupt nicht sozial integriert.**«

FAMILIE UND FREUNDE

Die Mädchen und jungen Frauen haben meist wenig soziale Beziehungen außerhalb der Szene. Einige haben zwar Kontakt zu ihren Familien – manche regelmäßig, manche nur sporadisch – bei anderen jedoch ist der Kontakt aus unterschiedlichen Gründen völlig abgebrochen. Der Großteil von ihnen leidet unter dieser Situation. Besonders dramatisch wird dies bei Rita sichtbar. Als schlimmste Enttäuschung in ihrem Leben bezeichnet sie, dass sie von ihrer Mutter verstoßen wurde: »**... das mit meiner Mutter, dass sie mich einfach weggschickt hat.**« Stella erzählt von einer ähnlichen Situation,

16 vgl. Henschel, 1994:19

denn auch ihre Mutter wandte sich von ihr ab: »**... sie wollt keinen Kontakt zu mir haben, ich war für sie wie Luft. Dass mich meine Mutter hergeben hat, das tut mir jetzt noch immer weh und ich verstehs auch nicht, wie man nur sein eigenes Kind hergeben kann, das versteh ich nicht.**«

Sarah, deren Verhältnis zu ihrer Mutter schon in der Kindheit konfliktreich war, hat kaum Kontakt zu ihr: »**Sie hat noch nie Zauder gmacht wegen meinem Leben ... einerseits is es ihr egal ... also egal bin ich ihr nicht ... es is ihr egal wie ich leb, solang ich leb und nicht an meinem Leben zu Grunde geh ... und wenns so wäre, sie würd mir wahrscheinlich nicht die totale Hilfe anbieten, aber ... im Notfall ... sie würd mir vielleicht kein Geld geben für Miete oder so ... aber im Notfall könnt ich immer eine Zeit lang bei ihr übernachten ... sofern ich drauf schau, dass ich bald wieder auszieh ... also so ein, zwei Monate könnt ich im Notfall auch bei ihr wohnen ... wenn es Probleme gäb, aber im Prinzip mischt sie sich nicht ein.**«

Manche Mädchen erzählen auch, dass sie froh darüber sind, keinen Kontakt zu ihrer Mutter und/oder ihrem Vater zu haben, weil sie von ihnen nur enttäuscht, verletzt und vernachlässigt worden sind. Der Kontaktabbruch mit bzw. die Distanzierung von der Familie hängt bei einigen auch mit ihrer Drogenabhängigkeit zusammen. So berichtet beispielsweise Babsi, dass der Kontakt zu ihrer Familie in drogenfreien Phasen immer besser war als in Zeiten, in denen sie konsumierte.

Die Drogensucht hat massive Auswirkungen auf das soziale Leben der jungen Prostituierten. Bei Suchtmittelabhängigen verkümmert das soziale Netz, denn u.a. durch den Beschaffungsdruck entwickeln sich Persönlichkeitsmerkmale wie Misstrauen und Egoismus und findet ein Rückzug in sich selbst statt. Die Droge wird zum einzigen treuen Begleiter und zum Ersatz für soziale Beziehungen.[17]

---

17 vgl. Warns, 1994:36

Die Mädchen und jungen Frauen verfügen meist auch nur über wenige tragfähige freundschaftliche Beziehungen. Es zeigt sich jedoch, dass viele von ihnen zumindest eine Vertrauensperson haben, der sie ihre Sorgen, Probleme und Ängste erzählen können. Mercedes, die seit vielen Jahren Drogen konsumiert und auf den Strich geht, meint: **»Nein, ich kenn keine Leut sonst ... die was nix nehmen, solche Leut kenn ich nicht ... deshalb is auch schwer mit solchen Leuten zu reden oder mit denen fortzugehen ... ich kenn das nicht, das normale Leben.«** Babsi ergeht es ähnlich: **»Freunde von mir sind eigentlich alle im Milieu ... sonst kenn ich fast keinen.«** FreundInnenschaften innerhalb der Szene werden häufig als nicht beständig und wenig verlässlich beurteilt. Janina, deren beste Freundin sich nicht im Milieu aufhält, erzählt über andere Bekannte: **»Na ja, ich hab schon gute Freunde, aber auf die kann man nicht wirklich zählen ... karlsplatzmäßig halt und so ... das sind halt auch nur Platzfreundschaften.«**

Auch Mercedes merkt man ihre Resignation hinsichtlich sozialer Kontakte an; sie hat viele enttäuschende Erfahrungen mit FreundInnen gemacht und ihre Konsequenzen daraus gezogen: **»... ich hab gmerkt, dass es keine richtigen Freunde gibt ... also am Anfang bin ich schon mit Leuten unterwegs gwesen, aber jetzt bin ich nur Einzelgängerin.«** Bei Jenny wird der Wunsch nach Kontakt zu Menschen, die nicht aus dem Drogen- und Prostitutionsumfeld stammen, deutlich: **»Freunde hab ich nicht wirklich ... ich möcht gern Freunde haben, die nix damit zu tun haben.«** Stella hat im Heim, wo sie derzeit untergebracht ist, neue FreundInnenschaften geschlossen: **»Ich hab ein paar Freunde von da jetzt gfunden ... ich hab zwar eine beste Freundin ghabt, aber die hat dann auf mich gschissen ... hat nur mehr noch Zeit für mich ghabt, wenn ihr Freund keine Zeit ghabt hat, und jetzt hats überhaupt keine Zeit mehr, jetzt hab ich keine Nummer von ihr, gar nix.«**

Andrea erzählt, dass sie niemanden hat, dem sie sich anvertrauen kann. **»... ich hab gar keine Freunde ... die hab ich nur dann, wenn ich Drogen hab ... ich such wen zum reden, der mir**

zuhört wenn ich Probleme hab, mit dem ich auch reden kann … mit meiner Mutter trau ich mich nicht reden, die versteht das immer falsch. Die Hauptperson, also die Beziehungsperson ist schon meine Mutter, ich würd zugrunde gehen wenn mit ihr was is … ich bin wie ein Hund, sehr treu.« Über Andreas Prostitutionstätigkeit weiß die Familie Bescheid. **»Ja, die Mama weiß es … begeistert is sie nicht … meine Brüder sagen, ich hätt das nicht notwendig, aber wo soll ichs Geld sonst hernehmen?«** Andreas Brüder sind beide ebenso suchtmittelabhängig. Der größere Bruder Thomas ist mit HIV infiziert. Der kleinere Bruder Jürgen ist derzeit in Haft, weil er wegen Diebstahls verurteilt wurde. Andrea hat Vermutungen, warum auch ihre Brüder – so wie sie selbst – drogenabhängig sind: **»Der psychische Druck … weil wir uns gegenseitig belasten … die sind aber nicht so extrem wie ich … ich setz mir einen Schuss und setz mir gleich wieder den nächsten, wenn ich anfang, hör ich nicht auf … wenn ich mal anfang … 16 bis 30 Schuss, das sind 37, 38 Kugeln … ein halbes Gramm is ein Kugerl.«**

Eine Expertin bestätigt, dass die Mädchen über wenig soziale Kontakte verfügen und meint: **»Das Thema Einsamkeit ist ein ganz starkes bei Prostitution. Ja, ich hab auch das Gefühl, sie suchen diese Kontakte nicht … betonen eigentlich fast auch, dass sie anders sind … ich hab auch das Gefühl, dass Prostitution nur dann zum Thema wird, wenn die Möglichkeit besteht, jemanden zu involvieren, jemanden mit reinzuholen oder wenn man Ansehen kriegt, wenn man das macht … ich geh davon aus, dass es relativ wenig Mädchen- und Frauensolidarität gibt, das ist auch eine Beobachtung … heute bist du meine Freundin und morgen nicht … da gehts dann auch manchmal ganz ordentlich zur Sache auch mit Gewalt und so.«** Eine andere Expertin betont, wie schwierig es für die jungen Prostituierten ist, Freundschaften zu knüpfen und sich in die Gesellschaft zu integrieren: **»Sie können sich auch ganz schwer bewegen dann … es ist auch nicht möglich, Kontakte herzustellen, oder wenn sie dann wieder zu Schule gehen, können sie nicht wirk-**

lich mitreden mit den anderen in ihrem Alter, weil die meisten haben keine Prostitutionserfahrung, sind nicht vergewaltigt worden mehrfach ... es gibt ja auch häufig Schwangerschaften ... die anderen haben keine Kinder ... also alle diese Themen, die sie schon kennen ... da gibts kaum gemeinsame Themenbereiche, das macht es so schwierig, wenn sie mal so einen Schritt machen.«

Die Mädchen und jungen Frauen sehen die Beziehungen untereinander vorwiegend von Konkurrenzkampf geprägt. Mercedes berichtet von egoistischen Verhaltensweisen: **»Es is Orsch ... jeder schaut auf sich ... überhaupt wenns krachen, dann is noch ärger ... Leut bescheißen sich untereinander ... da gibts keine Freunde ... Konkurrenz, total.«** Auch Stella ist ähnlicher Meinung: **»Nein, Freundschaft kann man eigentlich nicht sagen, weil ich die Leut nicht oft gsehen hab, die haben mich dann immer um Zigaretten und Geld gfragt und da hab ich dann immer ›Nein‹ gsagt, weil ich borg sicher kein Geld irgendwem Wildfremden, wo ich nicht weiß, ob ichs zrück krieg.«** Andrea erzählt jedoch, dass es auch Unterstützung gibt: **»Ja, man hilft sich schon gegenseitig ... ›Geh, hast eine Zigarette für mich, hast an Euro für mich, oder hast an Gummi für mich?‹, das is selbstverständlich.«**

Die Beobachtungen einer Expertin lassen sie auf einen Mangel an Solidarität unter den Mädchen schließen: **»Beim Anschaffen ist Konkurrenz da, das heißt, es wird auch ausgenutzt ... jede Situation, das heißt wenn eine schlecht drauf ist ... wenns einer nicht so gut geht, wird nochmals draufgehauen ... wird auch nochmals beklaut ... es gibt auch Freundschaften, die zwar nicht lange sind, aber zumindest so zeitweise ... wo dann auch abgegeben wird, also solidarisch ... wenn es um Drogengebrauch geht ... wo geteilt wird, wo gemeinsam angeschafft wird ... das gibt es auch, aber es ist immer sehr unterschiedlich ... es gibt keine Garantie für Dauer ... es braucht nur der Freund der einen einen Blick auf die Freundin zu werfen ... also das ist auch immer wieder ein Thema, Freundschaften mit Männern und Eifersucht ... das ist im Prinzip wie bei allen Jugendlichen.«**

FINANZIELLE SITUATION

Für die meisten befragten Mädchen und jungen Frauen ist die Prostitution ihre größte Einnahmequelle – derzeit verfügt keine von ihnen über einen angemeldeten, regulären Job. Mercedes beispielsweise hat aber in ihrer Vergangenheit Erfahrungen in der Arbeitswelt gesammelt: **»Ich hab immer so kurz garbeitet ... beim Bipa und DM hab ich ein halbes Jahr garbeitet ... beim DM das halbe Jahr durch, da war ich 19, 20 so was ... da hab ich bei meinem jetzigen Freund gwohnt ... also gependelt. Ein Jahr nicht einmal insgesamt ... da war ich drauf und da hab ich immer nur eine Woche ghackelt oder zwei ... damit ich ein bissl Geld krieg ... oder ich habs nicht ausghalten, weil ich immer bum zu war oder gschlafen hab, weil ich immer so wach war ... da haben sie mich außegstampft. Durch den DM krieg ich jetzt das AMS-Geld, ich muss ja ein halbes Jahr arbeiten, damit ich Arbeitslose krieg, aber jetzt bin ich schon Notstand. Der AMS-Typ ist total ... normalerweise wenn du ins Ausland[18] fahrst, kriegt du kein Geld ... ich sag ihm das und er gibts mir immer ... er schickts mir trotzdem immer.«** Sie erzählt aber ebenso von einem anderen Erlebnis mit einem Mitarbeiter des AMS: **»... und vom AMS ein Berater ... das is das Ärgste ... der hat mich einmal gfragt, ob ich in die Hacken geh, ob er meine Nummer haben darf und mit mir was machen darf ... der AMS-Berater!«**

Auch Andrea berichtet von früheren Jobs: **»... ich hab in einem Puff als Kellnerin garbeitet, zwei Jahre lang ... hat eh mir ghört das Lokal ... mir und meinem Freund ... da im 15. ... na ja, wie lang is das her ... 17,18 war ich da ... da ich nix machen musste, wars schön für mich. Und als Tischler ... da hab ich gehobelt, abschleifen, zsammschrauben.«** Sie interessiert sich schon seit langer Zeit für den Beruf der Masseurin: **»... weils ein gut bezahlter Job is und du darfst manchmal Leuten**

18 Mercedes verbrachte immer wieder längere Zeit bei ihren Großeltern in Polen.

wehtun, ohne dass du das willst. Ich hab ein Diplom dafür ... von einer Schule, einer Thai-Schule ... ich hab das fünfte Diplom jetzt fertig ... vorgestern hab ichs gschafft.«[19]

Einige der interviewten Frauen beziehen staatliche Beihilfen, wie Janina, die derzeit auch von der Familie ihres neuen Freundes unterstützt wird: **»... na ja, vom Sozialamt bekomm ich alle zwei Monate 450 Euro und dann vom AMS 148 Euro jedes Monat ... Notstandshilfe.«** Babsi hingegen berichtet: **»Ich bezieh gar nix ... keine Sozialunterstützung, kein Arbeitslosengeld ... nix ... ich leb einfach nur von mir selber ... von meiner Arbeit. Wie sich das ausgeht? ... schwer, aber knapp, ja.«** Andreas finanzielle Angelegenheiten, wie z.B. ihr Sozialhilfebezug werden von der Mutter geregelt, denn sie fungiert als Andreas Sachwalterin. **»... ich bin halb entmündigt, ich darf nix unterschreiben ... aber wenns was Wichtiges is, im Beisein meiner Mutter darf ich was unterschreiben ... wegen meinem Giftproblem, meinem Drogenproblem.«**

Für manche stellt das Dealen im kleinen Rahmen eine weitere Einnahmequelle dar. Viele Mädchen haben keinen Bezug zu Geld, weil sie den bewussten Umgang mit Geld von ihren Eltern nicht gelernt haben. Geld ist ihnen zwar sehr wichtig, sie können aber damit nicht umgehen. Eine Expertin meint, dass diese Mädchen häufig nach dem Lust-Unlust-Prinzip leben und sich diese hedonistische Grundhaltung auch auf die Handhabung ihrer finanziellen Mittel auswirkt. Sarah, die schon sehr früh versucht hat, auch finanziell unabhängig zu sein, hat ihre Prostitutionseinnahmen häufig für Luxusartikel und exklusives Essen ausgegeben: **»... ich habs für etlichen Blödsinn ausgeben, ich hab mir total teure Sachen kauft, Gwand, ich bin essen gangen, ich bin so ein klassischer Meeresfrüchte-Fan ... also Shrimps und Garnelen.«** Mit dem Geld versuchen manche Mädchen auch, sich Freundschaften und Zuneigung zu erkaufen, indem sie z.B. anderen teure Geschenke machen.

19 Mit Andrea gab es mehrere Interviewtermine über einen längeren Zeitraum, die zu der Vermutung führen, dass es sich bei dieser Aussage um eine Verzerrung der Realität handelt.

Die suchtmittelabhängigen Mädchen berichten, dass nahezu ihr gesamtes Geld in die Beschaffung von Drogen fließt. Durch ihre Abhängigkeit benötigen sie eine hohe Dosis an Drogen und infolgedessen sind sie ständig in Geldnöten. Die Prostitution stellt in diesem Zusammenhang eine effiziente Möglichkeit dar, um diesen hohen finanziellen Bedarf zu decken. Viele von ihnen müssen zusätzlich noch ihren Freund mitversorgen, was eine weitere finanzielle Belastung darstellt.
Die meisten jungen Prostituierten haben auch Schulden aufgrund verwaltungsrechtlicher Strafen wegen Geheimprostitution. Andere haben beispielsweise bei den Wiener Linien Geldbußen wegen Schwarzfahrens zu begleichen. Aber auch aus anderen Gründen können hohe Schulden entstehen, wie etwa bei Mercedes: »**... 100.000 Schilling Schulden hab ich ungefähr ... halt auch wegen Handyrechnungen ... Handys angmeldet und so.**«

ERFAHRUNGEN MIT POLIZEI UND GEFÄNGNIS

Die meisten der befragten Frauen haben bereits Erfahrungen mit Gesetzesübertretungen gemacht und Anzeigen – vor allem wegen illegaler Prostitution und Drogenmissbrauch, aber auch wegen anderer Delikte wie z.B. Mittäterschaft bei Einbruch, gefährlicher Drohung, Widerstand gegen die Staatsgewalt oder Sachbeschädigung – erhalten. Einige der jungen Prostituierten haben auch Aufenthalte in Haftanstalten erlebt. Die Kontakte mit der Exekutive haben die meisten negativ in Erinnerung. Janina war noch nie inhaftiert, hat aber schon etliche Erfahrungen mit der Polizei gemacht: »**... na ja, ein Freund meiner Mutter arbeitet bei der Polizei ... und der hat eigentlich auch nie zu mir gholfen ... also wenn mich**

die Polizisten erwischt haben ... die haben öfters hingschlagen. Aber einmal ... das war ganz nett ... da bin ich mit einem Freier weggfahren und die sind uns hinten nach gfahren ... die haben gsehen, er hat mir das Geld geben und nachher haben sie ihn verjagt und haben gfragt ›Hast eh das Geld?‹ ... hab ich gsagt ›Ja‹ ... dann hab ich mitfahren müssen aufs Revier, weils gschaut haben, ob ich abgängig bin und dann haben sie mich aber wieder gehen lassen ... und jetzt kommen halt die ganzen Strafen ... aber ich bin grad auf Bewährung ... also das erste Mal war wegen Einbruch mit versuchten Mord und das zweite Mal eben wegen Drogen ... beim Einbruch ... ein Freund von mir is einbrochen und ich halt mit und da haben wir eine Pistole ghabt und hinter mir is wer reinkommen und ich hab ihn nicht gsehen und hab die Pistole auf ihn grichtet ... das war halt ein Polizist ... das is dann nur unter Einbruch gwertet worden ... Gott sei Dank.«
Jenny berichtet von ihren Verurteilungen: **»... kurz nach meinem 16. Geburtstag hatte ich die Verhandlung, da hab ich bekommen zehn Monate auf fünf Jahre ... für versuchten schweren Raub und gewerbsmäßigen Diebstahl ... dazwischen hatte ich dann wieder eine Verhandlung wegen Diebstahl ... bekommen hab ich ein Monat auf ein Jahr ... was aber dann schon wieder verjährt war, also weg, und diese zehn Monate auf fünf Jahre waren noch offen wie ich die Tat begangen hab mit der Post ... aber der Richter hat mir das nicht aufgmacht, das heißt jetzt ist das verjährt ... ich hätt Therapie statt Gefängnis machen können, hab dann einen Entzug im AKH gmacht ... und dann bin ich eben ins Schweizerhaus gangen, hab dort abbrochen ... zuerst hab ich überlegt, ob ich woanders auf Therapie geh ... dann hab ich gsagt ›Nein, ich will das mitn Gfängnis machen‹ und bin antreten gangen. Erfahrungen mit der Polizei hab ich hauptsächlich negative, aber auch ein paar positive ... aber weniger ... zum Beispiel da hab ich mir grad aus der Apotheke mein Substitol gholt, bin am Karlsplatz durchgangen und sie haben mich reinzaht und haben mir das abgnommen, obwohl draufgstanden is, dass das eben dings is und ich hab auch noch**

den Zettel einstecken, dass ich im Programm bin ... es stimmt schon, man darf am Karlsplatz keine Medikamente einstecken haben ... aber ich wollt da nur durchgehn.«

Mercedes schildert ihre Erfahrungen mit Gesetzesübertretungen und Freiheitsstrafen folgendermaßen: **»Ich bin mit 15 drei Monate gsessen ... ich mein, ich war nicht unschuldig, aber ich war dabei wie mein ExExFreund einbrochen is oder eine Handtasche gmacht hat ... jetzt bin ich drei Monate gsessen, weil ich meine Nachbarin bedroht hab ... einmal bin ich dawischt worden im Zweiten, aber sonst nix ... ich hab jetzt nur Bewährungshilfe ... die Bewährung hab ich wegen gefährlicher Drohung ... das war so, ich war nicht zu Hause, meine Schwester hat auf mich im Stiegenhaus gwartet und hat ein Joghurt gessen und hat das stehen lassen und die Nachbarin ist raus kommen, mit der hab ich mich von Anfang an nicht verstanden ... und sie is auf einmal raus kommen, hat sie niedergschissen und ich bin grad rein kommen ... ich hab sie ghasst und ich war bum zu auf Benzos ... alles ... und ich bin auf sie losgangen, also nicht ghaut ... ich hab sie gschimpft aufs Ärgste und dann is ihr Mann kommen und ich hab irgendwas gsagt ... ich weiß nicht ... ich schick dir jemanden, der dich umbringt ... irgendwas hab ich gsagt, irgendwas Blödes ... dann is es zur Anzeige kommen ... die Richterin hat gwusst, dass ich drauf bin, aber sie hat gsagt drei Monate in der Justizanstalt Favoriten in Therapie, das wird mir gut tun ... das erste Mal war ich im Landesgericht ... das war Horror ... das is ein richtiges Häfn ... da war ich 15 ... Wahnsinn ... das is ein richtiges Gfängnis .... da hab ich nicht gwusst, wie das abrennt ... da hab ich mich runterlassen ... bin dann rauskommen und war wieder drauf.«**

Babsi, die bisher noch nicht ins Gefängnis musste, erzählt über ihre Erlebnisse mit der Polizei: **»Schreckliche ... na, es war eigentlich nicht so dramatisch ... bei der Prostitutionsgschicht bin ich noch nie erwischt worden ... ich hab eher das Problem mit dem Gift ghabt ... zweimal hab ich was mit mir herumtragen ... zweimal haben sie mich erwischt ... ich mein jetzt die Polizisten von da speziell, die haben uns voll am Kieker**

... die gehen uns die ganze Zeit am Orsch ... verfolgen uns und lassen uns fotografieren und filmen ... ja aber ... bei uns da sind die Uniformierten angenehmer, weil sie wissen, dass die Kripobeamten, die da her kommen, dass die sich eh um das kümmern ... also sind praktisch die die Bösen ... die Unformierten glauben, die Kripo regelt das eh alles, also brauchen sie sich nicht einmischen.« Auch Sarah differenziert zwischen uniformierten Polizisten und der Kriminalpolizei: **»Also die Uniformierten sind ein bissl ... die halten sich für überwichtig ... ›Jetzt nehmen wir dich mit, weil du gehst jetzt am Strich‹ ... Die kennen mich, ja[20]. Obwohl da haben sie mich noch nie gsehen ghabt am Strich ... ich, einfach nur weil Sommer war ... kurze Hose anghabt und Stiefel ... was im Sommer gar nicht so ungewöhnlich is. Die Zivilen, ja, ich mein es gibt ein einziges Arschloch ... die sind aber nicht von hier, die sind von wo anders kommen und hauptsächlich für die polnischen und tschechischen Mädchen ... die normalen Zivilen sind ganz nett ... zum Beispiel der Gerald, der is 30, das is ein ganz frischer, der is total nett, wenns kalt is darf ich mich im Auto aufwärmen, da unterhalten wir uns.«**

Rita, deren Vater wegen einer Vergewaltigung vor Jahren zu einer langen Gefängnisstrafe verurteilt wurde, hat ebenfalls schon mehrere Hafterfahrungen gemacht: **»Also ich war drei Mal jetzt schon im Gfängnis ... im 1er ... Landesgericht ... ich hab zwei Mal schwere Körperverletzung ... und immer wenn sie mich da sehen, is es ja logisch, dass die Polizei vorbeifahrt und immer wenn sie mich da sehen, schreiben sie mich auf ... und was ich dabei hab ... wenn ich Drogen auch einstecken hab, dann wird das ja zur Akte dazuzählt ... und das letzte Mal bin ich halt gsessen wegen Drogenmissbrauch. Bei der Körperverletzung ... das waren zwei Mädchen von da am Strich ... zwei ältere Frauen eigentlich, die wollten mir das Geld wegnehmen, was ich eingnommen hab und ich habs ihnen halt nicht geben.«** Rita erhielt auch etliche Anzeigen wegen Geheimprostitution: **»Ja, genug ... aber das haben alle Mädchen da ... sie können uns**

20 Von anderen Delikten

nicht nur weil wir einen Haufen voll Anzeigen haben ins Häfn stecken ... das interessiert die Bullen nicht einmal, ob wir dort stehen oder nicht ... das ist die Wahrheit ... die Bullen fahren vorbei, fangen an: ›Schleich dich‹ oder ›Stell dich so hin, dass wir dich nicht sehn‹ ... und dann passt das schon. Letztens wars sogar so ... der eine Bulle hat mit unserem Strizzi[21] was ghabt ... der Bulle hat zum Strizzi gsagt, er soll ihm eine Frau zur Verfügung stellen und dann fällt die Anzeige unter den Tisch.«
Nicole hatte bisher wenig Kontakt mit der Exekutive: **»Selten, vielleicht ein bis zwei Mal, dass sie mich dawischt haben ... na wenns kommen, bin ich weg ... versteck ich mich ... renn in irgendein Seitengassl rein und bin weg.«** Carina hingegen war schon einmal in einer Haftanstalt: **»... im Gfängnis war ich schon ... Ladendiebstahl unter Drogeneinfluss eben ... sonst würd ichs nicht machen ... durch die Tabletten ... leider neigt man dann zu kleptomanischen Tätigkeiten ... fünf Monate lang war ich dort ... es war zwar gleich mit Ausgang, also gelockerter Vollzug, aber die Beamten hatten dort nicht das Sagen, sondern die Sozialarbeiter und der Streit zwischen den Beamten, die eigentlich eh nix zu sagen hatten und den Sozialarbeitern, die Strafen geben konnten, wenn man zum Beispiel zu spät kommt von Ausgängen oder so ... den Streit haben wir eigentlich am Buckel tragen müssen, die Häftlinge, weil die sich so untersetzt gfühlt haben, die Beamten, weils eigentlich nur da gsessen sind und die Tür auf und zu gmacht haben wenn man raus und rein geht ... und die haben viel gelogen auch ... dass man dies und jenes gmacht hat ... also die waren auch wieder mal total ätzend ... also die Leiterin dort, die war auch ... also ich wollt mich nicht unterdrücken lassen und hab dort viel Probleme deshalb bekommen, auch weil ich nicht wienerisch gredet hab ... die anderen waren alle ... auf geh leck ... so richtige Häfnweiber und mit denen wollt ich nix zu tun haben. Meine Erfahrungen mit der Polizei ... die waren meistens schlecht, weil die einen nicht gut behandeln als Junkie ... oder dort wo man erwischt wird,**

---

21 Damit meint sie ihren Zuhälter.

auch als Prostituierte nicht ... also eigentlich sind die immer unfreundlich zu mir gwesen ... außer eine, die ich vom Karlsplatz kenn, die is sehr nett, aber ansonsten ... durch ihre Art schon einmal allein ... wie sie mich ... die zeigen mir richtig wer ich bin, was ich in ihren Augen bin, also die machen mich runter. «
Andrea berichtet über ihre Erfahrungen mit der Exekutive Folgendes: »**Schlechte ... ich war einmal besoffen, ich hab nicht mal mehr grad denken können ... und mit der Bluse unten nix anghabt, bin ich auf die Straße gangen, im Zweiten ... ich war bei einem Freund ... haben eine Flasche Likör geleert ... haben sie mich festgnommen ... da bin ich auf die Baumgartner Höhe kommen.**« Sie wurde auch bereits zu einer Freiheitsstrafe verurteilt. »**Ja, sechs Monate ... im 1er, im Landesgericht. Wegen Widerstand gegen die Staatsgewalt. Da war ich 16. Es war nicht so schlimm ... wie wennsd in einem Raum eingsperrt bist und nicht raus gehst die ganze Zeit ... da hamma zwei Lesben drinnen ghabt und die habens immer trieben in der Nacht und da hast das Bett quietschen ghört und die stöhnen und das war richtig unangenehm. Die Justizwachebeamten, die waren eh supa, da hats eh nix geben ... ich hab auch einmal einen epileptischen Anfall ghabt und die Tanja, diese Lesbe, hat mich gfunden und hats dem Wachbeamten gsagt und der hat dann sofort einen Arzt gholt ... ich hab so was öfters ... mir wird schwindlig, dann fang ich so an zum Zucken, so wie jetzt eben, is nur ein leichter, keine Angst, nur weil mir kalt ist ... wenn mir kalt is, krieg ich auch einen Schüttelfrost, Kopfweh, Fieber, Halsweh ... wie eine Grippe auf die Art.**«

BETREUUNG DURCH SOZIALE EINRICHTUNGEN

Einige der Mädchen und jungen Frauen nutzen – zumindest gelegentlich – bestehende soziale Einrichtungen. Häufig wird von ihnen in diesem Kontext die sozialmedizinische Drogenberatungsstelle Ganslwirt sowie die Mobile Anlaufstelle des Vereins Wiener Sozialprojekte am Westbahnhof erwähnt. Andrea ist derzeit wohnungslos und übernachtet deshalb öfter im Ganslwirt: **»... es taugt mir dort ... dass sich jeder nett kümmert um dich.«** Auch in der Gruft hat sie schon einmal genächtigt. **»Ja, einmal in der Gruft, aber nie wieder ... da hab ich Läuse ghabt am nächsten Tag.«** Mercedes berichtet, dass sie schon seit Jahren von einer Bewährungshelferin begleitet wird: **»Ich hab meine Bewährungshilfe ... wie ich das erste Mal im Gfängnis war hab ich sie fünf Jahre lang ghabt und jetzt hab ich sie wieder kriegt fünf Jahre lang ... also sie kennt mich in- und auswendig ... ich kenn sie auch und sie is eine Superfrau, durch sie hab ich die Wohnung schnell kriegt und alles ... sie hat mir auch früher sehr viel gholfen ... ich mag sie sehr ... und da gibts überhaupt kein Problem mit ihr ... jetzt geh ich halt nicht hin, weil ich auf Koks bin.«**

Nicole schildert ihre derzeitige Betreuungssituation folgendermaßen: **»... also ich hab zwar eine[22] am Jugendamt, aber der bin ich auch scheißegal ... sie meint ›Leb dein Leben wie du willst, wennst meinst, du willst dein Leben so führen, dann führs bitte‹ ... der bin ich scheißegal. Na, ab und zu is sie schon da vorbeigangen am Westbahnhof ... hamma gredet ... und zwei Mal war ich bei ihr.«** Stella meint über ihre Sozialarbeiterin vom Jugendamt: **»... meine Sozialarbeiterin is das größte Orschloch das es gibt ... ich hasse sie, sie is ur eingebildet ... so eine Möchte-Gern-Fut ... sie glaubt, sie weiß alles besser als ich und sie glaubt, sie muss mir permanent alles zu Fleiß machen**

---

22 Sozialarbeiterin

... also das wegen dem Strich wollt sie meiner Mutter sagen.« Janina, die mit dem HI-Virus infiziert ist, wird von mehreren Einrichtungen betreut: **»Im AIDS Hilfe Haus. Ja, ich bin eigentlich schon zufrieden ... die kümmern sich wirklich um einen Menschen ... im Ganslwirt auch.«** Carina plant, demnächst ein Hilfsangebot in Anspruch zu nehmen: **»Derzeit nicht, aber ich werd jetzt wieder ... im Dialog, wo ich substituiert werde vom Arzt, dort gibts psychosoziale Betreuung, dort werd ich jetzt wieder anfangen ... einmal in der Woche eine Stunde.«**

2. Hard Facts

Im folgenden Kapitel berichten die Mädchen und jungen Frauen an welchen Tagen und zu welchen Uhrzeiten sie anschaffen gehen, wie viele Freier sie im Schnitt bedienen und was sie dabei verdienen. Sie erzählen von den Orten, an denen die Prostitution stattfindet und von ihren Erlebnissen, die sie mit Freiern machen. Die meisten Mädchen haben zumindest schon einmal versucht, mit der Prostitution aufzuhören, was ihnen aber aufgrund finanzieller Probleme und/oder ihrer Suchtproblematik nur für kurze Zeit gelang.
Da sich jedes Mädchen bzw. jede junge Frau in einem anderen Lebenskontext befindet, sind auch ihre Tagesabläufe von jeweils individuellen Faktoren – beispielsweise der Versorgung des Kindes, der Finanzierung der Suchtmittel, oder Schulbesuchen – bestimmt.

DIE ANZAHL DER KUNDEN

Aus den Interviews geht hervor, dass die befragten Mädchen im Durchschnitt mit vier Freiern pro Tag Sex haben. Nicole resümiert, wie sich die Anzahl der Kunden im Lauf der Zeit verändert hat: **»Jeden zweiten, dritten Tag ... jetzt hab ich ca. zwischen fünf und acht ... pro Tag.«** Babsi berichtet: **»Das ist unterschiedlich, aber meistens so zwischen vier ... minimal vier.«** Auch Stella macht ähnlich Angaben: **»Das kommt drauf an, drei bis vier pro Tag ... eine Zeit lang hab ichs jeden Tag gmacht.«**
Für Janina hängt die Anzahl der Freier mit ihrem Suchtmittelkonsum zusammen. **»... drei bis vier ... ist drauf ankommen, wie viel Geld ich braucht hab ... da war ich rein nur auf Koks.«**

Auch Rita berichtet, etwa vier Freiern pro Tag sexuelle Dienstleistungen anzubieten: **»Vier bis fünf locker ... kommt drauf an, wie viel ich Geld haben will und ... na ja, vier bis fünf Kunden werden schon dauern ... also ein Kunde dauert mindestens eine halbe Stunde ... und das geht halt schon lang.«** Für Nicole ist eindeutig die Nachfrage für die Anzahl der Freier verantwortlich, die sie pro Tag bedient: **»... ich steh meistens ... es kommt drauf an wie das Gschäft geht ... wie viel Leute immer ... das kann man nicht genau sagen ... einmal gehts besser, einmal gehts schlechter.«** Sarah gibt an: **»... unterschiedlich ... meistens drei bis fünf.«**

DER VERDIENST

Der Verdienst der Mädchen hängt einerseits stark davon ab, wie sehr sie es geschafft haben sich zu professionalisieren[23] und andererseits auch davon, wie ihr Erscheinungsbild auf die Freier wirkt. Generell verdienen suchtmittelabhängige Mädchen am wenigsten, da sie aufgrund ihrer Sucht schneller eine niedrigere Bezahlung akzeptieren und die Freier auch nicht bereit sind, mehr für diese Mädchen zu zahlen.
Andrea erzählt, dass sie auch gelegentlich bei den Freiern schläft: **»Manchmal, aber nicht die ganze Nacht ... nur zwei, drei Stunden ... eine Stunde kostet 100 Euro ... sie bringen mich dann wieder zurück oder sie zahlen mir das Taxi.«** Carina berichtet, dass die Stammfreier am großzügigsten sind: **»... bei Französisch verdient man zwischen 30 und 40, bei Geschlechtsverkehr im Hotel eine Stunde zwischen 80 oder 60 aufwärts ... zwischen 60 und 80 is normal, aber es gibt einige, die viel mehr zahlen ... Stammfreier vor allem ... die geben**

23 Damit ist hier gemeint, dass sie von sich aus fixe Preise für diverse sexuelle Dienstleistungen angeben.

dann für zwei Stunden 400 ... hab ich auch schon mal bekommen.«

Sarah, die über ihren ersten Verdienst nachdenkt, der damals 30.000 Schilling betrug[24], meint im Nachhinein: **»Also für das Alter find ich das eigentlich org, dass die so wenig zahlen ... jetzt verlang ich auch für normalen Sex 70 Euro und die zahlen für Kinder eigentlich nicht viel mehr ... okay, da sträuben sie sich nicht so, das zu zahlen ... da hinten steh ich oft eine halbe Stunde, Stunde bis wer mal wirklich bereit is, einen normalen Preis zu zahlen ... für Verkehr verlang ich 70, also alles nur mit Gummi, für Französisch 40, Verkehr mit Vor-Französisch ist 100.«** Rita, die einen Teil des Geldes an ihren Zuhälter abgeben muss, meint: **»... das sind dann 140 bis 160 Euro ... und er hat dann die 40%, is auch was ... von jeden Mädl 40%.«** Jenny betont, dass der Erfolg der Geschäfte auch von der Präsenz der Polizei abhängt: **»Das is verschieden ... erstens wie lang ich geh, zweitens wie viel Polizei da is und drittens eben wies Gschäft rennt ... aber ich mach zwischen Minimum 50 bis 150 Euro ... wenn ich bis in der Früh bis sieben durchmach.«** Babsi erzählt: **»An einem guten Tag so an die 300 Euro, aber so durchschnittlich 100 am Tag ... die Ausländer wollen halt alle nix zahlen ... sagst du 50 sagt er automatisch 30, sagst du 30 sagt er 20 ... egal was du sagst.«** Bei Stella wird deutlich, dass der Verdienst sehr unterschiedlich sein kann: **»... da hab ich so 800 bis 900 Euro in der Woche ghabt ... und einmal in der Woche da hab ich mal nur 200 ghabt.«**

---

24 Sie bekam für ihre Entjungferung damals 30.000.– Schilling und musste 20.000.– an ihren Vermittler abgeben.

DIE ORTE

Die Prostitutionsausübung findet in den meisten Fällen direkt in den Autos der Freier statt, da es für die Männer die kostengünstigste und unkomplizierteste Vorgehensweise darstellt. Meist fahren sie mit den Mädchen zu abgelegenen Plätzen wie beispielsweise Tiefgaragen oder Parkplätzen, um vor polizeilichen Kontrollen einigermaßen sicher zu sein. Es werden aber auch – sofern die Freier dazu bereit sind, dies zu bezahlen – in der Nähe gelegene Stundenhotels in Anspruch genommen. Manche Mädchen bedienen ihre Kunden aber auch in den Kabinen der umliegenden Sexshops oder sogar an öffentlichen Plätzen. Auch in angemieteten Wohnungen wird angeschafft, wobei diese Form der Prostitution nur für die wenigsten Mädchen in Frage kommt, da es hier schon eine gewisse Professionalität – beispielsweise Anzeigenschaltung in Zeitungen – von den Mädchen verlangt.

Andrea berichtet über den Strich im 15. Bezirk: »**Weißt wo am meisten los ist? Goldschlagstraße! Tagsüber. In der Früh schon beginnts da ... auf der Goldschlagstraße sind Junge ... ich hab auch ghört, dass man dort mehr verdient und manche Freier sind dort freundlicher. Eine kenn ich, die ist elf Jahre. Die macht das, weils der Vater schickt ... das is ein Russe ... oder ein Ausländer auf jeden Fall ... so eine Gang is das und die schicken dort auch die Kinder am Strich.**«

Sarah beschreibt die Situation auf dem Straßenstrich folgendermaßen: »**... das war im zweiten Bezirk, aber nicht hinten ... also wo der normale Babystrich ist, sondern Ybbsstrasse, Ecke Venediger Au ... da sind zwar die Älteren ... damals bin ich da noch mehr rausgstochen unter den älteren 30-, 35-Jährigen, da hab ich eigentlich auch recht gut verdient ... 2000 Schilling durchschnittlich ... aber die, die am Babystrich schauen, fahren auch meistens dort vorbei ... da sind die Mädls elf, zwölf Jahre**

alt, aber durchschnittlich sinds 13, 14 ... jetzt grad is das eher eingstellt, jetzt is eher so, dass die am normalen Strich stehen ... grad einmal ein paar Junge, aber so ab 13 stehen sie meistens am normalen ... die Jungen werden auch hauptsächlich privat vermittelt. ... Wenn ich jetzt an einem Eck steh, wo ein anderes Mädl steht, da kann ich mich nicht neben eine dazustellen, das ist geschäftsschädigend, ich hab mit schwarzen Mädls schon mal einen Streit ghabt, weil ich steh ja schon seit neun Jahren nur dort ... und die hat halt gmeint, dass is ein schwarzer Platz, weil ihr Zuhälter ... von den Schwarzen da hat jede einen Zuhälter ... der gsagt hat, das is ein schwarzer Platz, den kann sie verteidigen ... da hab ich gfragt, ob sie deppert is ... dann wollt sie mich von einem Auto rauszahn ... da hab ich ihr mal einen Tritt ins Gsicht geben und seit dem passts eigentlich.«

Janina erklärt, warum sie vom 15. Bezirk in den 2. Bezirk gewechselt ist: **»... na ja ... ab 16 bin ich dann gangen ... also da halt, am Westbahnhof hinten ... und im Zweiten dann nachher ... weils am Westbahnhof so schräg schon worden is ... da sind zwei Freundinnen von mir aufgschlitzt worden ... die[25] haben ihnen nicht das Geld weggnommen, nicht den Schmuck ... die haben sie einfach nur abgstochen ... die sind da hinten im Park glegen ... zwei Jahre wird das jetzt her sein.«** Rita meint: **»... also die meisten fahren dann zu irgendeinem Parkplatz wos ruhig is ... eben wegen der Polizei.«**

Babsi berichtet, wie sie zu dem Kabinensexshop gekommen ist, in dem sie seit längerer Zeit arbeitet, und wie dort die Geschäfte ablaufen: **»... das war eigentlich ein Zufall ... ich bin damals mit einem Gast von mir, der da in der Nähe gwohnt hat ... weil ich bin damals per Telefon ... ich hab viele Fix-Leute ghabt, die mich angrufen haben und bin dann herumgfahren ... und einer hat aber nicht zu sich nach Hause gehen können und hat mich dann in die Ecke in diesen Sexshop bracht ... und ich bin**

---

25 Freier

da spazieren gangen, weil ich auf ihn gwartet hab und hab das da gsehen und wie ich reingschaut hab, was da los ist, hat er[26] mich angsprochen und hat gsagt ›Ja, wir brauchen eh Mädls da!‹ … weil es gibt fast keine Österreicher, es gibt nur Ausländerinnen, die arbeiten … und das war für ihn auch gut, weil er jetzt wen zum Reden hat und mir hats auch gholfen … am Anfang is relativ gut gangen … nur du bist halt in dem Gschäft relativ bald ein alter Esel … wenn wer zwei, drei Mal bei dir war … entweder er kommt immer wieder oder er kommt zwei, drei Mal und dann sucht er sich eine Neue, weils ihm einfach zu fad wird, weil dann kann er ja gleich bei der Frau bleiben, wenn er immer das gleiche hat … es gibt manche Leute die auch da her kommen, holen sich die Mädls von da und gehen dann von da ins Hotel, die wenigsten machen das zwar … es gibt auch welche, die gehen dann sogar mit in die Wohnungen … das mach ich nimmer mehr … aber es wird eigentlich alles … manche gehen im Praterstern aufs Klo, die anderen stellen sich in die Parks, ich hab sogar schon manche im Hinterhof vom Haus dawischt … also ich persönlich geh entweder da her oder in die Hotels … die zwei, die Kabinen, die sind eigentlich für alleinige Menschen, die Film schauen dacht … es steht zwar in der Hausordnung drinnen für Freundin und Lebenspartner und so kann man mitnehmen, is aber wirklich … Prostitution verboten und so … draußen auf der Straße is es erlaubt mit der Karte … herinnen nicht … aber das liegt glaub ich an der Konzession die das Gschäft hat … aber da herinnen is es verboten … das Problem hier is ja auch , dass ich da herinnen so viel Geld ausgeben muss, weil ich eben den ganzen Tag hier bin, weil sonst wenn ich normal arbeiten geh zum Billa kauf ich mir einen Eiskasten voll, iss daheim was und koch … da gehst zum Mäci, gibst gleich einmal 100 Schilling aus, also du zahlst wennsd da bist viel mehr … wenn ich draußen was essen will, kostet das viel mehr als wie wenn ich einkaufen geh … so erspart man sich halt viel wenn man normal arbeiten geht.«

26 der Besitzer des Kabinensexshops

Babsi erzählt weiters, dass sie auch schon einige Zeit in einer Wohnung gearbeitet hat: »**Voriges Monat noch hab ich garbeitet im 11. Bezirk drüben, in einer Privatwohnung, und da is es klar besser ... weil da hast du eben das Telefon, da rufen sie dich vorher an, dann kommen sie dorthin ... zahlen 80 für eine Stunde ... meistens reißens dann eh nach zehn Minuten ab und zahlen aber trotzdem den vollen Preis ... da is das alles viel gesicherter und geregelter ... weil die Leut eben mit den Inseraten ... ich muss immer überlegen, weil bei den Inseraten hab ich immer verschiedene Alter, dass ich mein richtiges Alter gar net weiß. Ja, Sexnews, Krone ... das kostet pro Bild 220 Euro ... und da brauchst du das eh nicht, da kommen die ganzen Leute von der Straße her ... solche Sachen gfallen mir persönlich schon besser ... weil da sitzt halt auf der Couch, tust fernsehen, wenn wer anläutet, bist halt fesch und dann schaust dassd ihn kriegst ... aber du weißt wenigstens, dass du dein Geld hast. Dort hab ich aufghört, weil die zu viele Mädchen ghabt hat ... die Besitzerin von der Wohnung die hat schon vier Mädchen dort ghabt von Haus aus ... zwei, drei sind okay, aber mehr als vier is ungut, weil da kommen dann die Rivalitäten auf und eine kriegt dann alle Gäste und die andere schaut keiner an ... zu viele is auch nicht gut, da kommt immer irgendwer zu kurz ... das is schon legal ... das steht alles in der Zeitung ... das is alles seriös.**«

Andrea beschreibt, wie die Geschäfte im Auto ausgeübt werden: »**Er fragt dich um den Preis, 20 mit Gummi blasen, blasen ohne Gummi 25 und Verkehr 30, aber ich tu nicht ohne Gummi blasen ... dann fahren wir auf irgendeinen Platz, zieh ich mir die Hose runter, also blasen bis er steht ... dann tu ich ihm ein Kondom drauf ... dann tut er den Sitz zurückdrehen und zrückschieben, dann kniet er sich hin ... dass ich mit die Schenkel praktisch beim Sitz so bin und so dringt er ein in mich ... beim Blasen da beugst du dich nur rüber und beim Verkehr kommt er entweder ... also wenn das der Sitz ist und da das Lenkrad, kommt er meistens rüber, also da hast du die Armaturbretter und er kniet da dazwischen und kniet sich hin und du liegst**

dann eben so da ... am Beifahrersitz ... oder man geht meistens nach hinten.«

Janina schildert, wie die Prostitutionsanbahnung auf der Straße abläuft und was für sie ausschlaggebend ist, um einen Freier anzunehmen: **»... also man geht auf der Straße und da bleiben halt Autos stehen ... ich hab mir halt immer meine Freier ausgsucht ... also die fahren im Kreis und suchen sich die Mädls aus und wens halt wollen ... oder nicht, kommt drauf an ... und ich hab mir halt immer die ausgsucht, die sympathisch rüber kommen und nicht so ›steig ein und blas mir einen‹ ... die was halt am Anfang auch nett gredet haben und sich unterhalten haben und mir ein bissl ein Geld auch zugsteckt haben extra.«**

Sarah erzählt, wie sie ihre Geschäfte früher organisiert hat: **»... ja, oder auch durch ein paar andere Bekannte die ich ghabt hab, wenn die mal wen gfunden haben, hab ich natürlich auch Aufträge kriegt ... hab mir ein Handy zuglegt ... noch so ein altes Trum, so ein ganz dickes noch und da haben sie mich halt angrufen wenn irgendwas war und sonst hab ich mich halt hingstellt.«**

Mercedes erzählt, dass sie die meisten Freier vorwiegend erst im Hotel trifft: **»Im Zweiten war ich das letzte Mal vor drei Wochen, weil dort mehr Polizei is und überhaupt kein Gschäft. Ich hab viele Stammkunden auch und die rufen mich an und wir treffen uns immer dann im Hotel.«**

Jenny, die derzeit im 15. Bezirk auf den Strich geht, meint: **»Meistens im Auto, manchmal im Hotel ... damals wie ich gangen bin im Zweiten, wo ich dann nachher freiwillig gangen bin ... den Typen hab ich ins Gfängnis bracht der mich gschickt hat ... er hat mich gschlagen, er hat mich am Strich gschickt ... das heißt schwere Nötigung ... er hat mich eben zur Prostitution zwungen und ... Körperverletzung ... und er hat vier Jahre bekommen ... und wo ich wohn und hat mich abpasst und wollt**

mich wieder einziehen, aber damals hab ich eine Waffen einstecken ghabt ... ›Komm einmal mir zu nahe und ich zeig dich erstens wieder an und zweitens ich schieß dich ab!‹ ... hab ja nur eine Gaserer ghabt, aber wenn er so nah is, kann er blind sein.«

DIE ZEITEN

Die Mädchen und jungen Frauen schildern, dass die Plätze im 15. und 2. Bezirk zu jeweils unterschiedlichen Zeiten von Freiern aufgesucht werden. Ausschlaggebend für die Prostitutionsanbahnung ist aber auch die Polizeipräsenz.

Jenny erzählt: »**... ich bin immer erst spät gangen ... da bin ich gangen, dann wenns dunkel war, also zwischen zehn und zwölf hab ich angfangen.**« Babsi, die ihre Runden um den Kabinensexshop dreht, um Geschäfte mit Freiern anzubahnen, meint: »**... es gibt auch Tage wie heute ... ich bin seit in der Früh da, und es war noch keiner herinnen ... da kommt keiner ... und das is eben jetzt in dem Monat oft so gwesen ... im Sommer is es gut.**« Sarah schildert, zu welchen Zeiten die Geschäfte auf dem Strich beginnen: »**Ja, Sonntag immer und Donnerstag gelegentlich ... eigentlich wär es von Freitag auf Samstag und von Samstag auf Sonntag besser, aber da is dann wieder das Problem mit der Polizei ... Sonntag, Montag is recht gut, da is ein ruhiger Tag von der Polizei her ... am Sonntag das is so ein Mitteldіng, da is wenig Polizei und die Anzahl der Typen geht auch ... Donnerstag is auch ein recht angenehmer Tag. Im Winter komm ich zwischen sieben und acht hin ... auf jeden Fall mindestens eine Stunde nachdem es dunkel gworden is, weil dann gehts langsam los, aber um sieben, acht bin ich auf jeden Fall da, weil da hören sie spätestens zum arbeiten auf ... jetzt im Winter zwischen acht und zehn ... und im Sommer gehts natürlich erst um zehn los, weils erst da dunkel wird und da is**

das meiste Gschäft nach eins ... obwohl so lange bin ich selten da ... hauptsächlich zwischen eins und drei ... da bin ich meistens schon weg, weil ich nicht durchmachen will, ich bin eher so eine Schlafmütze.« Janina berichtet, welche Erfahrungen sie im 2. und 15. Bezirk gemacht hat: **»Na ja, da kann man halt nur am Abend gehen ... und dort untertags auch ... und da untertags is halt nur die Felberstraße ... nur da is viel Polizei gwesen ... ich bin einmal im Zweiten mitgangen und dann war ich im Zweiten ... weils auch sicherer am Tag halt is und auch andere Freier. Täglich eigentlich ... am Anfang täglich wegen dem Koks ... und dann wie ich die Stammfreier ghabt hab, die haben mich dann immer angrufen.«**

DIE ZUHÄLTER

Aus den Erzählungen unserer Interviewpartnerinnen geht hervor, dass manche die Existenz von Zuhältern in ihrem Umfeld für unwahrscheinlich halten, ein paar der Jugendlichen schon Kontakte zu ihnen hatten bzw. einige auch selbst einen haben. Für viele trifft jedoch die Bezeichnung »Zuhälter« eher auf bestimmte Partner anderer Mädchen zu, da diese in der Regel das verdiente Geld von ihnen abkassieren oder auch für die Vermittlung von Freiern zuständig sind. Zuhälter, die dem gängigen Klischee entsprechen – mit Goldkette und in Ledermontur –, dürfte es aber, wie aus den Berichten der Mädchen und jungen Frauen hervorgeht, selten geben.

Stella meint: **»Es gibts schon, aber manche sagen, ja ihr Freund is der Zuhälter und lauter solche Sachen ... ich mein es gibt schon Zuhälter, das heißt nicht, dass jeder gleich ein Zuhälter is oder dass jede gleich einen Zuhälter hat, die was dort hingeht.«**

Auch für Mercedes handelt es sich bei Zuhältern meist um die Partner: **»Zuhälter eher nicht ... vielleicht schon ... Freund ... kann man trotzdem sagen, weil der nimmt dir das Geld oder du gibst ihm das Geld ... is auch ein Zuhälter ... ich sag ja ... aber das is halt ein Freund, dem gebens das Geld oder gebens gemeinsam aus ... aber trotzdem, das is für mich ein Zuhälter und aus.«**

Janina hat selbst noch keine Erfahrungen mit Zuhältern gemacht: **»... ich hab aber nie einen ghabt ... im zweiten Bezirk nur ... Inländer, Ausländer ... verschieden, gemischt ... ich mein, die Bars dort auch, die sind ... die schicken auch ihre Frauen raus ... im Zweiten gibts schon noch welche ... ich weiß nicht, ich hab nie einen Zuhälter ghabt, aber was ich so ghört hab, sind das die größten Arschlöcher, die es je geben hat ... die zocken nur die Frauen ab.«**

Rita erzählt, wie sie in Kontakt zu ihrem Zuhälter gekommen ist: **»Also ich hab nicht gwusst wo ich schlafen soll ... ja und da hab ich halt dann auch ein paar Freunde kennen glernt und die haben halt gsagt, dass sie mich mitnehmen in die Zugwagons, dass das so halbwegs sicher is ... ja und dann hab ich halt angfangen mitn Schnorren, das Schnorren is aber nicht gut glaufen ... ja und dann bin ich halt einmal in der Nacht da her gangen und habs probiert und dann hat mich schon der Strizzi dawischt ... mhm ... zu wem ich ghör und so und ich hab gsagt ›Zu niemanden‹ und dann er ›Und jetzt ghörst mir‹ ... da im 15. ... da die Straße ... ein normaler Österreicher ... da braucht man gar nicht irgendwo hinkommen ... das is einfach ... ungefähr so kann man sich das vorstellen wie einen Vorgesetzten ... und ich muss 40% von meinem Teil abgeben ... und sonst kenn ich keine ... das is überall so ... du musst Geld abgeben, sonst wirst du gschlagen. Also ich weiß nix, dass der irgendwas[27] hat ... also der lebt von uns ziemlich gut, muss ich sagen. Ja ... sechs ... halt**

27 damit ist eine reguläre Beschäftigung gemeint.

die Kleinen ... so wie ich ungefähr. Die Jüngste ist zwölf. Also wenn wir zum Beispiel an irgendeiner Ecke stehen oder so ... es sind fixe Zeiten eigentlich ausgmacht normalerweise und da steht er halt ein bissl weiter weg und ... nein, einfach stehen ... und dann sieht er wen einsteigen und dann sieht er, wie wir wieder aussteigen und dann passt er uns schon ab ... das heißt, wir können nicht einmal irgendwo hin ... wo wir übernachten, das is ihm egal ... ja ... und wenn wir gehen, müssen wir uns auch abmelden ... wie wenn ich eine Wohnung kauft hab und ich muss immer Raten zahlen ... immer ... aber für nix ... ich kann von dem nicht weg ... ich hab keinen fixen Halt ... ich hab keine Schulausbildung, ich hab keine Wohnung, ich hab gar nix ... also ich kann mich weder für die Schule anmelden noch für sonst irgendwas ... ich hab nicht einmal Geld ... na okay, Geld ... um meine Drogen zu konsumieren, aber das is es auch schon ... und die Drogen sind heutzutage nicht so ... ich krieg so einen Berg, dass ich für vier Wochen still halt ... da kostet nicht einmal ein Gramm über 90 Euro ... mir bleibt nix anderes übrig ...ob ich jetzt ihm das Geld geb oder irgendwem anderen is mir auch schon wurscht.«

Auch Nicole muss für ihren Standplatz Geld abgeben: **»Das hat sich dadurch ergeben, dass ich dann eigentlich nicht mehr spazieren gangen bin, sondern mich an einen bestimmten Ort hingstellt hab und der ist dann zu mir kommen und hat gmeint, was ich da mach und so ... und so hat sich das dann ergeben, dass er gemeint hat ›Für das, dass du da stehst, muss ich was einkassieren‹ ... aufpassen kann man nicht sagen ... eigentlich nur, dass ich da herumsteh ... auf diesem Ort steh ... es gibt fixe Zeiten nicht wirklich ... am Abend gehst halt am Strich, machst deine Gschäftln, wennst dann wieder zrückkommst von den Leuten ... also wenn die dich wieder dorthin bringen, wo du gstanden bist, kommt der Strizzi her, verlangt seinen Teil und geht wieder ... es gibt Plätze, wo es keine gibt und es gibt Plätze, wo es welche gibt ... am Gürtel gibts genauso welche, wo Geld eintrieben wird ... du könntest dich wo anders hinstellen,**

aber da gibts dann wieder andere, die was da stehen und die regen sich bei ihrem dann auf und die verjauken dich dann. Ich steh meistens ab elf, zwölf sowas da ... in der Nacht ... wennsd deine Arbeit machst, wirst alle fünf Minuten ... so lange du da stehst, wirst du beobachtet ... egal wo du stehst.«

Für Carina ist die Existenz von Zuhältern am ehesten bei Migrantinnen, die auf den Strich gehen, vorstellbar: **»Also in meiner Umgebung nicht ... ich hab da nie welche ghabt ... also ich weiß nicht warum Mädls das machen ... ich kann mir noch vorstellen ausländische, die irgendwie ohne Pass da sind und irgendwie das machen müssen sonst ... weiß nicht ... vielleicht verrät der Zuhälter sonst, dass sie da sind ohne Asylantrag oder was weiß ich.«**

Mercedes meint, dass es früher einmal welche gegeben hat: **»Jetzt sind überhaupt keine Mädls mit Zuhälter, ich kann mich erinnern wo ich 15, 16 war, da war ich im Zweiten und hier, da hab ich gsehen wie richtige Prostituierte ... und ein Meter weiter war der Zuhälter und hat gsagt ›Hearst, da bleibst net stehen und da gehst net vorbei, weil da steht meine Hur‹... aber jetzt is es nimmer so ... es steht keiner mehr mit Zuhälter ... im Zweiten auch nicht ... außer am Gürtel ... aber da nix mehr ... hier is überhaupt kein Zuhälter mehr, nix mehr.«**

Sarah schildert ihre Erfahrungen mit Zuhältern im 2. und 15. Bezirk und wie sie sich schützt: **»Am Babystrich gibts nur Zuhälter ... ja, außer dort wo ich gstanden bin, es gibt theoretisch schon welche, aber die von den Alten haben sich nicht traut da über ein Kind drüber ... da hätten sie viel zu viel Angst ghabt, dass sie dann meiergehn, wenn was is ... da gibts keine ohne Zuhälter ... das wollt ich eben nicht, weil das sind keine die jetzt wirklich so beschützen oder die man bezahlt, dafür, dass sie organisieren, sondern das sind solche, die einem das Geld wegnehmen ... es haben einige einen, aber das is noch nicht mal die Hälfte ... eigentlich sinds meistens die so zwi-**

schen 17 und 30, die einen Zuhälter haben, wenn überhaupt … die Älteren, die will keiner, und bei den Jüngeren haben sie oft Angst … aber das is dann ein Zuhälter, der nicht mal da steht und aufpasst, der nur sagt ›Ich prügel dich, wenn du mir kein Geld nach Haus bringst‹ … also ein Zuhälter is meiner Meinung nach einer, der irgendwas macht und nicht nur sagt ›Du gehst jetzt oder ich prügel dich‹ …es gibt welche, aber das hält sich in Grenzen, meistens eben die, die etwas ordinärer sind mit Lackstiefel, die welche haben … und ein paar bescheuerte Weiber … ich mein es gibt auch verschiedene Arten von Zuhälterei … so was, was der Markus macht, dass ich ihn eigentlich gebeten hab, dass er das macht, dass ich eben auch bei anderen Typen mitgehen kann … oder welche, die jetzt zu irgendeinen versteckten Ort wollen oder Lagerräumen, da geht er dann auch immer in einem Abstand nach und stellt sich hervor … der Markus ist 28 … der steht eben oft dabei und schreibt sich die Nummernschilder auf, so richtig offensichtlich … da sag ich eben wie lang ich brauch und wenn ich mehr als 20 Minuten verspätet bin, würd er halt zur Polizei rennen und behaupten, ich bin in das Auto reinzaht worden … wenn der Markus das macht kriegt er einen Zehner pro Nummernschild, weil er wartet dann auch wirklich bis ich wieder komm … aber es is trotzdem Zuhälterei, er könnt ins Gfängnis gehen … bis zu drei Jahren ins Gfängnis nur wegen dem.«

DER VERSUCH DES AUSSTIEGS – DER WIEDEREINSTIEG

Fast alle befragten Mädchen haben schon einmal versucht, entweder aus der Prostitution ganz auszusteigen oder zumindest für einige Zeit zu pausieren. Gründe dafür stellten u.a. neue Partnerschaften, die sie nicht aufs Spiel setzen wollten oder aber auch Drogentherapien dar, die ihnen für einige Zeit ermöglichten, auf das Geld zu verzichten. In fast allen Fällen kam der Wiedereinstieg wegen finanzieller Nöte und auch unzureichender Jobmöglichkeiten zustande. Eine Expertin hebt hervor, dass auch die unattraktive Arbeitsmarktlage die Mädchen wieder ins Milieu treibt: **»Und bei der Arbeitsmarktlage werden wir da mit Sicherheit noch ein Problem bekommen ... wenn das nicht dauerhaft zu verändern ist, diese Jugendarbeitslosigkeit abzubauen, die für Mädchen ja besonders krass ist, und viele Mädchen sagen auch, sie wollen nicht in einen typischen Mädchen-, Frauenberuf um nichts zu verdienen ... die verdienen natürlich erstmals in diesem Bereich besser.«**

Für Mercedes stellt vor allem die geringe Bezahlung in regulären Arbeitsverhältnissen einen Grund dar, im Milieu zu bleiben: **»... ich will wegkommen aber ich schaffs nicht ... ich weiß zum Beispiel wennsd im Gschäft hackelst ein Monat schwer für weiß ich nicht wie viel Euro und da kriegst das wenns gut geht in fünf oder in vier Stunden ... und das ist das was mich aufhaltet ... dassd da schneller verdienst als im Gschäft ... ich will raus, ich weiß nicht warum ich das nicht schaff ... es is nicht leicht ... runter gehts schnell, aber rauf is es schwer.«.**

Jenny berichtet, dass sie schon einmal längere Zeit pausiert hat, sich nach einer Zeit aber ihre Wohnung nicht mehr leisten konnte und daher wieder anschaffen ging: **»Ja sicher ... sehr lange Pausen sogar ... einfach weil ... mir haben sie zum Beispiel meine Sozi gstohlen ... zweimal ... beim ersten Mal wa-**

rens 1400 Euro und ich hab die Wohnung damals noch ghabt, die WOBES[28]-Wohnung und circa eineinhalb Jahre hab ich immer meine Miete alles zahlt ... das Problem is, ich hab die Wohnung verloren, weil ich dann nicht mehr aufgräumt hab und so ein Saustall war ... ich hätt die Wohnung nicht verloren, wenn ich meine Oma angrufen hätt und gsagt hätt ›Hilf mir beim Aufräumen‹, dann hätt ich jetzt schon eine Gemeindewohnung ... damals wie sie mir das gstohlen haben, bin ich dann gangen[29] wegen der Miete und damit ich was zum Leben hab ... und ich hab ja zwei Katzen auch ... also wegen die Katzen, wegen der Miete und für mich zum Leben ... aber ich bin nicht täglich gangen sondern alle zwei Wochen.«

Babsi berichtet, dass es bei ihr eigentlich noch nie eine Unterbrechung gab: **»Ich mach eigentlich schon ewig durch ... ich kann mich gar nicht erinnern, wann ich die letzte Pause gmacht hab ... ich mein wenn man jetzt die einzelnen Tage wegrechnet ... aber über einen längeren Zeitraum hab ich schon ewig nicht mehr aufghört, weil ich kann es mir nicht leisten ... wegen der Wohnung und so.«**

Mercedes beschreibt, dass ihre Pausen entweder gezwungenermaßen zustande gekommen sind oder ein neuer Partner dafür verantwortlich war: **»Ja schon ... wie ich im Gfängnis war ... jetzt bin ich vier Jahre mit meinem Freund zsamm, da bin ich die ersten Monate, ein halbes Jahr net gangen ... weil ich eben so verliebt war ... aber jetzt ... weil ich da wieder reinkommen bin ... Koka.«**

Carina hatte ihre prostitutionsfreien Zeiten immer dann, wenn sie auch drogenfrei war: **»Ja, aber zwischendurch gabs öfters monatliche Pausen ... ein Jahr sogar mal ... momentan mach ichs alle zwei Wochen ... ja, da war ich clean ... das war plötzlich wieder ... das kann ich nicht sagen.«**

28 Verein WOBES – Verein zur Förderung von Wohnraumbeschaffung
29 anschaffen

Auch Janina meint, schon einmal pausiert zu haben: **»Ja sicher hab ich Wochen ghabt … nur jetzt gar nicht mehr.«**

EIN TYPISCHER TAG

BABSI

»Mein typischer Tagesablauf ist circa … wenn er[30] arbeitet, komm ich um neun Uhr in der Früh und bin meistens bis um zehn Uhr am Abend da … dreh halt meine Runden da im Viertel und schau, dass ich die Leute krieg … ansonsten wenn er nicht da is, schlaf ich meistens bis zehn und komm dann … aber da mach ich dann das gleiche … also der typische Tag spielt sich hauptsächlich da im Gschäft ab und rund ums Gschäft … wobei jetzt gehts eh schlecht … Weihnachten … keiner hat Geld … die Leut wollen alle immer den Preis pressen, ›Ja, Weihnachten is, es gibt kein Geld, warum können wir nicht doch 20 zahlen statt 50?‹ … und am besten gar nicht … gestern wollt sogar einer für sechs Euro … sag ich ›Spinnst du?‹ … das sind hauptsächlich Ausländer … das is das Problem … die haben noch weniger.«

CARINA

»Wir haben momentan viele Wege zu erledigen, weil der Daniel[31] … meine Mutter vermietet dem Daniel grad die Wohnung, weil das ist die Eigentumswohnung meiner Mutter, an mich darf sies nicht vermieten … jetzt haben wir da Wege machen müssen … so zwischen acht und neun stehn wir auf und ich fahr zu Mittag jeden zweiten Tag zu meiner Kleinen und komm am Abend zurück und am Tag, wo ich nicht zu meiner Kleinen fahr … oder er kommt mit … wenn ich nicht dort bin, dann gehn wir bummeln wenn wir Geld haben, einkaufen … kuscheln zu Hause oder gehn abends ins Kino.«

---

30 Der Besitzer des Kabinensexshops
31 Ihr Partner

MERCEDES

»Jetzt zur Zeit, wo ich immer in der Nacht arbeit, da komm ich manchmal um vier heim, dann um sechs ... da schlaf ich morgen den ganzen Tag .... da steh ich auf, geh zur Apotheke[32] und dann geh ich wieder arbeiten, das rennt so im Kreis.«

JANINA

»Ja, ich hab halt viel ... hab in die Züge gschlafen, bin aufgstanden und hab mir halt ... vom Vortag hab ich noch was ghabt und dann bin ich halt am Karlsplatz gfahren und hab mir Benzos besorgt ... dann bin ich hingfahren ... in Zweiten ... hab mir Koks besorgt ... wieder einen Freier gmacht ... wieder Koks besorgt.«

RITA

»Irgendwann wenn ich munter werd ... also Mittag, zwischen zwölf und zwei ... und dann gemma am Westbahnhof runter und schauen einmal welche Freunde da sind ... die meisten haben schon eine Wohnung ... aber früher haben auch alle dort gschlafen ... da habens noch keine Wohnung ghabt. Da unten, also ... da sind die meisten ... weil am Nachmittag kann man ja nix machen und dann am Abend ab acht, halbneun bin ich halt da.«

NICOLE

»Ja, dann kauf ich mir mal mein Frühstück oder mein Mittagessen ... wie auch immer ... eben was zum Essen, Zigaretten ... das was ich einmal normal brauch ... dann treff ich mich mit ihr[33] meistens oder sie is schon bei mir ... am Tag bin ich da am Westbahnhof schnorren ... entweder schnorren wir uns was fürs Rauchen oder fürs Ziehen ... machen uns da mal ein bissl dicht ... und dann am Abend stellen wir uns am Strich und tun unsere Arbeit ... entweder schlaf ich dann bei Freunden von mir oder sie schlaft bei Freunden von sich.«

32 Dort findet die tägliche Ausgabe der Substitutionsmittel statt.
33 Rita

3. Die Freier

Die Kunden der Mädchen und jungen Frauen sind nahezu durchgängig Männer. Versucht man sich ein Bild des typischen Freiers zu machen erkennt man schnell, dass dies nicht möglich ist. Aus den Erzählungen der jungen Prostituierten geht hervor, dass jede Altersklasse, jeder Bildungsstand und jede Schicht vertreten ist. Die Männer befinden sich in Partnerschaften, in Ehen, haben selbst Kinder, sind geschieden, verwitwet oder sind Singles. Es sind Inländer, Ausländer, Spitzenverdiener oder Männer, die Sozialleistungen beziehen, Männer in Führungspositionen bis hin zu einfachen Hilfsarbeitern. Es sind konservative, religiöse Männer, Männer ohne Konfession, Männer die in der Großstadt leben oder welche, die vom Land kommen. Manche fahren in ihrer Mittagspause oder zwischen geschäftlichen Terminen zu ihnen, andere beschließen die Arbeitswoche, bevor sie zurück aufs Land – meist zu ihren Familien – fahren, mit einem Besuch bei einem der Mädchen. Somit zeichnet sich ab, dass jeder Mann ein potenzieller Freier ist.

Viele der Männer bestehen auf den Verzicht von Kondomen, obwohl sie damit sich selbst, ihre Partnerinnen und die jungen Prostituierten in Lebensgefahr bringen. Gedanken über sexuell übertragbare Krankheiten oder HIV/Aids machen sich die wenigsten. Die Männer haben die unterschiedlichsten Wünsche und Neigungen, wenn sie zu den Mädchen kommen. Einer möchte schnellen Sex, ein anderer nur reden, der nächste will geschlagen werden und manch einer führt die Mädchen zum essen aus oder lädt sie zu Urlauben ein. Viele von ihnen sind potentiell gewalttätig. Fast alle der befragten jungen Frauen haben schon Nötigungen, körperliche Misshandlungen bis hin zu Vergewaltigungen erlebt. Manche Freier suchen gezielt nach Mädchen, die verwahrlost wirken. Hier scheint v.a. der Machtgedanke eine Rolle zu spielen.

Manche sind großzügig und andere versuchen die Preise auf ein derart niedriges Niveau zu drücken, das nur noch suchtmittelabhängige Mädchen akzeptieren. Generell behandeln sie die Mädchen als Ware und nehmen sich, was sie wollen, da sie ja auch dafür bezahlen.

Eine Expertin schildert ihre diesbezüglichen Beobachtungen und Einschätzungen folgendermaßen: **»Die Freier wollen immer ohne Gummi und so wenig Geld wie möglich. Aber wieso ohne Gummi? Ich persönlich kann mir das nur so erklären, so ähnlich wie der Sextourismus, dass es um einen besonderen Kick geht, den man hier natürlich billiger haben kann, als wenn ich irgendwo hinfliege, und dass diese Risikofaktoren zu diesem Kick dazugehören ... es geht nicht um Sexualität oder um schöne Gefühle, sondern um so ein Risiko ... nun können sich Männer auch nicht ganz so leicht anstecken wie Frauen, aber es geht genau um dieses Risiko da drin ... ansonsten macht das Ganze ja überhaupt keinen Sinn, warum die ohne Gummi wollen ... manchmal sind die Mädchen auch körperlich in einem Zustand, wo man sie überhaupt nicht anfassen mag ... ist so ... die sollen erst mal duschen ... die stinken und sonst was ... aber hier ist ... je jünger, je schwangerer, je elender, je körperlich behinderter ... all das gibt Sonderpunkte ... es ist schwer nachzuvollziehen und es gibt leider überhaupt keinen Blick auf die Freier und keine Angebote ... es gibt ja auch ganz viele von den Freiern, die einen eigenen Beratungsbedarf haben, das darf man ja nicht verkennen ... die sind zum Teil hilfloser ... ich will sie jetzt nicht in Schutz nehmen, ganz und gar nicht, aber sie sind teilweise in psychisch desolaten Situationen ... kommen aus allen Schichten ... Ärzte haben wir auch immer wieder ... es wurde deutlich, dass diese Freier aus allen Schichten kommen, es ist auch der Staatsanwalt dabei als Freier, das macht es für uns so schwierig, das zu thematisieren, weil sich diese Männer so ein bisschen auf die Schulter klopfen, das so ein bisschen ins Lächerliche ziehen ... aber eigentlich ihren Nutzen davon haben und es nicht wirklich weg haben**

wollen … und für die Problemlagen der Frauen nicht wirklich ein Ohr haben.«

Mercedes, die seit acht Jahren auf den Strich geht, berichtet über ihre Erfahrungen mit Freiern: **»Ich hab leiwande, nette … ich hab verheiratete, geschiedene, welche mit Freundinnen. Ich hab nur einen einzigen Kunden, der ist in meinem Alter, 22 und das is der einzige junge … sonst alle 40, 30 … also sind mittel … reiche kenn ich nur zwei … die sind reich, die haben ein eigenes Lokal, die geben mir immer einen Hunderter für Französisch und das passt … sonst sind alle so normal, die gehen normal arbeiten … weiß ich nicht wohin … ich frag nicht immer. Ja, sie sind schon nett … es gibt welche, die haben sich in mich verliebt … ich krieg Geld von ihm, nur weil ich mit ihm im Hotel kuscheln tu, reden … da is dann wo ich dann sag ›Stopp!‹ … aber ich krieg dann Geld einfach so … ich brauch nix tun … bei mir is so, ich hab mich nicht im Ernst verliebt, aber er sich in mich … am Anfang hab ich Französisch gmacht mit ihm, nur Französisch und hab mit ihm über alles gredet … über Gott und die Welt … zum Beispiel zahlt er mir einfach nur, wenn ich mit ihm reden tu oder kuscheln tu … will nur mich, kein Französisch, kein Sex, er will nur, dass ich mit ihm bin … oder mit ihm trinken geh oder essen geh … aber mir is nicht passiert, dass ich mich in einen verliebt hab, eher umgekehrt … ich hab Gott sei Dank Kunden, die sind total nett zu mir, zahlen mir auch sehr gut … aber manchmal gibts wirklich Orschlöcher, die ungepflegt sind und da steig ich auch aus und scheiß drauf … früher war ich nicht so … da hab ichs gmacht … jetzt bin ich … und ich krach nicht auf Heroin … und wenn mir wer ein bissl am Arsch geht, steig ich aus und geh … bei mir is das … zu mir hat schon mal wer gsagt, ohne Gummi, aber ich mach ohne Gummi nix … im Zweiten sind die orgen Kunden, diese Dreckschweine, totale Orschlöcher … hier sinds ganz anders … im Zweiten sinds eben so, dass sie sehen, dass die Mädls krachen oder bum zu sind und nützen das aus … ›Ja, ich zahl dir 30 Euro oder 20 Euro ohne Gummi‹ und die machen das weils krachen … weils das Geld brauchen, weils wissen, dass sie das Gift brau-**

chen ... einmal im Zweiten hab ich einen dawischt, da bin ich mitgfahren und der hat dann zugsperrt und auf einmal wollt er, dass ich ihm am Orsch lecken tu und lauter so Sachen, die nicht ausgmacht waren ... er hat ein Messer mitghabt und hat mir Watschen runterghaut, wie ich angfangen hab zum Weinen ... ich habs einfach gmacht, weil ich Angst ghabt hab, dass er mir was macht, ich hab glaubt, der lasst mich nicht mehr raus oder der bringt mich um ... aber dann hat er mir das Geld geben, also hingschmissen und ist dann gangen ... das war nur einmal ... von dort hab ich auch ein paar Stammgäste und da sind schon ein paar, die sind reich ... aber grad die Reichen sind geizig und die was normal arbeiten ... die geben dir mehr Geld ... früher hab ich keine Stammkunden ghabt ... aber jetzt hab ich sehr nette Stammkunden.«

Janina, die seit fünf Jahren auf den Strich geht, beschreibt die Männer folgendermaßen: **»... die meisten haben eigentlich auch Kindersitze hinten drin ghabt ... ganz normale Familienväter ... die meisten waren Türken, aber da bin ich nicht eingstiegen ... ja eigentlich ganz normale ältere Männer ... von hohen Viechern bis runter ... eigentlich wo du dir nie denkst, dass die am Strich fahren würden ... so wie ein ganz normaler Mann ... sie stehen sichs halt auf junge Mädls. Ich glaub, dass sie sich ... weiß nicht ... minderwertig fühlen oder so und sich dann halt stolz vorkommen, wenn sie jetzt ein 14-jähriges Mädl im Auto sitzen haben ... das glaub ich eher ... dass das ihr Problem ist ... oder daheim keinen Sex kriegen ... oder nicht befriedigt werden daheim ... die meisten werden halt gewalttätig nach der Zeit ... es gibt viele sehr gewalttätige Freier ... ich mein, es sind 70 Prozent davon gewalttätig und 30 Prozent davon sind auch wirklich nette Männer ... wo du dir denkst ... junge ... die was nie am Strich fahren täten und sich ein Mädl nehmen täten ... im Zweiten waren sie eigentlich netter als da ... da hab ich dann auch schon meine Stammkunden ghabt ... der eine war ein bissl krank ... dem hab ich nur ins Gsicht spucken müssen und hab 50 Euro bekommen. Na ja, der war ur**

nett, bei dem hab ich immer übernachten können ohne Gegenleistung ... der hat mir jedes Mal, wenn ich kommen bin, auch schon was kocht und was zum Trinken kauft ... der hat sich ziemlich um mich ... also der hat mich pflegt ... der wollt halt nur, dass ich ihm ins Gsicht spuck. Im Zweiten hab ich den kennen glernt ... nein, im 15. ... da hab ich ihn kennen glernt ... durch eine Freundin ... die hat gmeint, tust halt mitfahrn, da musst nix machen, nur ins Gsicht spucken ... und ich hab mich halt ur gfreut und so und hab mir dacht ... das war so ein ganz normaler älterer Herr, der was halt nicht so eine gute Vergangenheit ghabt hat, schätz ich ... weil wennsd ihm ins Gsicht spuckst und ihm beschimpfen musst ... dann Handschellen und Peitsche an der Wand hängen ghabt ... und der andere nur reden ... und der halt einen blasen und reden ... also ich hab mir dann meine Stammfreier gsucht, wo ich nicht viel machen hab müssen ... und halt doch mein Geld zsamm kriegt hab.«

Babsi, die sich schon seit sechs Jahren prostituiert und auch schon in Wohnungen sowie Kabinen gearbeitet hat, erzählt über die Männer Folgendes: **»Also da herinnen gibts nur vier, fünf Österreicher, die regelmäßig kommen, aber ansonsten sind es echt nur Türken und Jugoslawen und Schwarze ... und die Schwarzen sind momentan eh so problematisch ... ich hab zum Beispiel einen langjährigen Gast, der is ein Italiener, ich mein der Typ, er is zwar extrem lieb, aber er is sicher schon 60 oder so ... und Pretty Woman is es nicht ganz, aber so ähnlich ... aber vielleicht kommt ja noch der Traumprinz ... es gibt nette Leut ... ich schau auch, dass ich mich mit den österreichischen Gästen immer gut stell ... weil die haben einfach mehr Geld und die haben mehr Möglichkeiten, dass sie dich wirklich mal in einen Club mitnehmen oder in eine Sauna ... irgendwo, wo es mir auch Spaß macht ... wo ich essen und trinken kann auf seine Kosten und nicht nur in eine Kabine gehen, schnackseln und weg ... da schau ich schon immer, dass ich mir so Leut auf der Seiten halt ... der hat mich auch oft nach Hause mitgnommen ... mit dem war ich genauso am Strand und Essen**

… der wollt quasi wie ein Begleitservice … nicht so ein Bumser … der hat mich in sein Leben einbezogen … seine Frau is gstorben und der hat halt irgendwie so einen Ersatz braucht … und das hat mir schon gut gfallen … da war ich am Meer mit ihm und fort … war ganz lustig. Ja, den seh ich noch immer, der kommt regelmäßig zu mir. Die meisten kommen daher und denken sich, ›Jö leiwand, jetzt mach ich mal was Verbotenes‹ … wahrscheinlich gehts genau um das … dass eben alles ablegen wollen … diese Routine. Zu Weihnachten is zwar nicht so viel Gschäft, aber die Leut die da wirklich kommen, kommen grad deshalb, weil sie die Familie loswerden wollen … die reden dann meistens ›Ja, das geht mir alles am Orsch zu Hause, das is alles so stressig‹ … du bist als Hure irgendwie Psychologe auch für die Leut, weil dass sie dich vollquatschen, das bleibt dir nicht erspart … ich glaub, die wollen sich auch nur irgendwo ausspeiben, wie die Mädls das auch wollen … und die Abwechslung … am Anfang bist über jede Kleinigkeit schockiert … aber jetzt mach ich das schon so lange … wie gsagt … es gibt fast nix, was ich noch nicht gsehen hätt … ich hab mein ganzes Leben lang nur mit Gummi garbeitet, ich hab Leut, die wirklich offensichtlich krank ausschauen schon gar net gnommen … auch nicht mit Gummi … ich weiß nicht … ich häng an meinem Leben und die anscheinend … denen is das wurscht … die denken sich vielleicht ›Is eh alles ungfährlich‹ oder sie sind ja so Glückspilze … keine Ahnung … das kann ich mir bis heute nicht erklären … ich verstehs einfach nicht. Da is auch ziemlich regelmäßig, dass du irgendwelche Leut hast, die gewalttätig werden … die teilweise auch Waffen eingsteckt haben … wie gsagt, das is am Anfang problematisch, aber irgendwann hast dann … also ich bin auch schwer bewaffnet. Ich hab immer ein Messer und einen Pfefferspray und was weiß ich was mit … so ein Vollidiot … mit einem gefälschten Polizeiausweis hat mir vorgaukelt, er is Polizist und ich bin erst nach ein paar Monaten, nachdem er mich ständig mitgnommen hat auf so einen Scheiß Parkplatz … mich dort zwungen hat, unter den widerwärtigsten Verhältnissen es mit ihm zu treiben … und dann bin ich erst draufkommen, dass das gar kein Polizist is ... und in der Panik, in der du da bist, da denkst ja gar nicht drüber nach, dass du dir das Ding genau anschaust ... und siehst einfach nur Polizei, und denkst dir ›Scheiße.‹ Ich hab auch keine Karte ghabt, weil ich nicht gwusst hab, wie ichs krieg und damals hats die auch nicht so leicht geben wie heut ... weil heut kriegt die Karten jeder ... jede Asylantin. Ja, das war ein ziemlich widerlicher Typ ... er war auch so ein bissl pervers ... du musst dir das irgendwie so vorstellen, dass du mit einem wildfremden, grindigen Typen, noch dazu rothaarigen ... ekelhaft, widerwärtig ... gstunken hat er, sein Auto war komplett verdreckt ... am dunklen Parkplatz ... mitten in der Nacht ... mit so einem Trottel, der sich als Kieberer ausgibt, der dich dann am Rücksitz zwingt ... was hat er da wollen... er hat glaub ich die ganze Zeit wollen, dass ich auf ihn einschlag.... und mir war das damals ... als Neuling denkst du dir ›Okay, schnackselst mit dem und gehst‹ ... und das war halt was ganz was Neues ... dass der erstens gelogen hat und pervers auch noch war und ich denk mir ›Was will der von mir? Warum soll ich jetzt das machen?‹. Ich habs halt damals überhaupt nicht kapiert, aber jetzt is mir das auch schon wurscht ... die Leut haben da die seltsamsten Wünsche ... es gibt sogar welche, die kommen mit ihre eigenen Vibratoren und glauben, du nimmst sie ... also es gibt schon Freaks da ... aber mit der Zeit geht dir das am Orsch vorbei. Vergewaltigungen ... das sind meistens die Gruppen von den Jugendlichen, die so was planen oder probieren ... immer so zwei, drei Jugendliche, die sagen ›Ja, gehen wir gemeinsam‹ ... und jeder zahlt das und das ... und du machst dir definitiv aus, okay, einzeln geht das, aber auf einmal nicht ... und dann überraschen sie dich doch auf einmal ... bei mir war das zum Beispiel, dass sie mich zu dritt festghalten haben ... ich hab einfach abgwartet, bis es vorbei is ... ich hab mir dacht ›Um so weniger ich mich wehr, desto schneller gehts vorbei‹ ... und Recht hab ich ghabt, es war relativ schnell vorbei ... irgendwie ... das wars und dann sind sie gangen ... mit dem Geld ... dass sie mir zuerst das Geld zwar geben haben ... nachher mir aber wieder gstohlen haben ... das

war in einer Privatwohung … das Problem is in den Privatwohnungen, da hast meistens zwei, drei Mädls und einen Bodyguard … und die sind ja auch zuständig fürs einkaufen gehn und so … und der war nicht da und genau in der Zeit is das passiert. Die waren nicht erheblich älter … das waren ganz junge Burschen … die müssen auch so um die 20 gwesen sein.«

Andrea schafft schon seit vielen Jahren[34] an und hat schon die unterschiedlichsten Situationen mit Freiern erlebt: **»Viele wollen ohne Kondom … dass sie sich anstecken könnten, das is ihnen wurscht … sogar Familienväter … ich habs mir erklären lassen … er kriegt mit Kondom keinen Orgasmus, er hat kein Gefühl darin und ohne Kondom spürt er die Reibungen in der Scheide drinnen besser und angenehmer. Die Türken wollen meistens anal und die Österreicher meistens nur blasen und ficken … oder schmusen, das will ich auch nicht … ich empfind nix dabei und wenn ich nix empfind, kann ich das nicht machen … bei meinem Freund schon, aber bei den Freiern nicht. Ich hab auch mal einen ghabt, der wollt unbedingt, dass ich ihm Nadeln reinstech, in die Eichel vorn, weißt eh, Nadeln reinstech … autsch … hab ich gsagt ›Nein, das mach ich nicht‹, weil wenn ich ihm zu tief reinfahr verletz ich einen Nerv … im Rücken hab ichs schon mal gmacht, weil ich habs ja glernt, Massage. Und einmal is ein Typ zu mir kommen, ein Freier … wie ich noch drauf war wie eine Sau, extrem drauf … fast ein Jahr her jetzt … zuerst Koka, dann mach ma uns eine leiwande Session … sag ich ›Ja ist okay, ich mach das‹ … aber da hab ichs nur gsnift … und das Arge war dann das, der is nachher tot neben mir glegen, der is tot zsammbrochen im Hotelzimmer … aufs Kokain … der hat mir 400 Euro geben ghabt … also der war sehr nett, das war ein Stammkunde von mir … die kommen immer wieder … der sagt dann, du bist gut, das hat ihm gfallen … zum Beispiel du wichst ihm jetzt gut einen und ihm gfallt das, dann kommt er immer wieder zu dir … ich hab die meisten … die meisten Freier, die was zu mir kommen, die wichsen sich nur**

34 Andrea berichtet von zwei unterschiedlichen Einstiegsszenarien.

einen ... das is leiwand, da brauch ich nix machen, das is die beste Arbeit ... und sie wollen meine Brust sehen und mehr nicht ... da sag ich ihnen von einem Autounfall is das[35] ... da fallt mir meistens irgendwas ein, da muss ich ja nicht immer die Wahrheit sagen ... das da, das ist von einem Messerstich, dann hab ich drauf gspritzt und dann wars ein Phlegmon ... ich hab der Polizei dann alles gsagt, dass ma kokst haben ... er hat drei Kilo mitghabt und davon haben wir zwei Kilo fast verkokst ... mich haben sie gehen lassen, ich hab ja nix dafür können ... hast du gwusst, dass ein Toter wenn er tot is ... ein Mann, dass der noch einen Steifen hat? Der hat voll einen Steifen noch ghabt ... ich hab ur lachen müssen ... der is da glegen ... Totenstarre ja. Das Schlimmste war das, wie mich der eine aus dem Auto ghaut hat aus dem fahrenden ... ein halbes Jahr is das her ... er war bös, aggressiv ... ich weiß nicht, der war unangenehm ... er war ... wie soll ich sagen ... richtig bösartig, also unangenehm ... hat mich gschlagen, nur weil ich nicht anal wollte ... das mach ich überhaupt nie ... oh ja einmal mitn Lukas, einem Freund ... ich mach das nicht, weils weh tut ... ich habs damals nur ihm zuliebe gmacht, mit viel Vaseline und einem Löffel Mut ... wenn jemand das nicht will, kann ich ihn nicht zwingen! Und zweimal ... im Hotel ... da hab ich Würgemale ghabt ... der war am Anfang ganz normal ... der war total freundlich ... dann hat er aber sein wahres Gesicht zeigt ... er hat gsagt ›Zieh dich aus‹ und dann hab ich mich auszogen, hab das Geld verlangt ... sagt er ›Ich zahl aber nur 20‹ ... na, dann mach ich nix ... ›Du wirst es machen, du musst‹ ... sag ich ›Ich muss gar nicht‹ ... dann hab ich angfangen zum Schreien ... zum Glück hat das der Portier ghört ... von unten, hat aufgsperrt und hat ihn dort verprügelt ... und hat ihm sogar noch 100 Euro weggnommen, die hat er mir dann geben ... und ich hab ihm 20 Euro geben ... das zweite Mal ... das war auch auf der Mariahilferstraße in einer Privatwohnung ... SM kennst? Ich hab mich einfach mal dafür

35 Andrea hat eine Vielzahl von Narben auf ihrem ganzen Körper und offene Wunden und Abszesse auch auf ihrer Brust. Ein Großteil dieser Wunden sind eine Folge des intravenösen Konsums von Suchtmitteln.

interessiert ... Leder und Latex auf das steh ich ... nur das Gefühl es anzuhaben ... aber Sex haben damit ... nein ... da war ich im zweiten Bezirk, in einem Insinderclub, die haben mich auf die Idee bracht, probier mal Leder und Lack ... da war ich 17 oder 18 ... in dem Club da tun sie mit Wachs und Nadeln ... ich selber hab nur Wachs probiert und Dildos ... die Größe circa, aber nicht bei mir, die andere hat das wollen ... wenn die das bei mir gmacht hätten, ich wär ausgrastet. Der hat mir die Nadeln überall reingsteckt ... er hat mich ans Bett gfesselt, an Füßen und Händen und hat mir Wachs auf die Haut rinnen lassen ... ›Ich treibe dir den Satan aus‹, hat er gsagt die ganze Zeit ... er ist ganz normal als Kunde zu mir kommen auf der Straße ... er hat gsagt, er will Wachsspiele machen ... hab ich gsagt ›Da bin ich einverstanden‹ ... Wachs tut ja nicht weh ... und du schmierst dich vorher mit Vaseline ein, damit du keine Brandwunden hast ... dann hat er mich anbunden, auf einmal zieht er die Kerze raus, sag ich ›Ist in Ordnung‹ ... 100 Euro hab ich verlangt ... er hat mir noch einen extra 100er geben, dafür hat er mir die Nadeln reingsteckt. Einmal ... da war einer, der is mit mir ins Kino gangen, dann sind wir in den Prater gangen ... Autodrom gfahren ... 600.000 Schilling haben wir am Schädel ghaut zusammen, drei Tage waren wir unterwegs ... voriges Jahr war das im Sommer. Auch Frauen gibts ... die eine wollte, aber ich wollt nicht, weil ich kann damit nix anfangen ... die hat mich angsprochen, ob ich sie schlecken würd und ob ich das machen würd ... sag ich halt ›Nein‹ ... die wollt mir aber 1000 Euro zahlen ... hätt ich schon ja sagen sollen, gell? ... von der Menge her, vom Geld her.«

Carina, 25 Jahre, geht seit sie 16 ist nur gelegentlich anschaffen und berichtet u.a. von ihrem schlimmsten Erlebnis mit einem Freier: **»Man schaut schon ob Kindersitze drinnen sind, ja es sind 22-jährige, normale Studenten sowie 50- bis 60-Jährige, die Abwechselung wollen von ihren Ehen, 30-jährige Geschäftsunternehmer, es gibt alles ... von allen Sparten ... von allen Branchen gibts Kerle und so vom Stand auch**

… alles durch die Bank eigentlich. Ich glaub da is eine Art Perversität auch dabei, weil die das eben ausnützen, dass die Hure eben die Unterwürfige is und er mit der eben machen kann was er will … also ich mach Französisch ohne … aber Geschlechtsverkehr mach ich nie … weil da könnt mir der eine Million bieten, würd ich nicht ohne machen. Es kommt selten vor, dass Hepatitis C durch Geschlechtsverkehr angsteckt wird, aber ich könnt schon … zu ein bis zwei Prozent is das möglich … ich hätt schon ein schlechtes Gewissen, anderseits hass ich die Männer so … na oh ja, ich hätt schon ein schlechtes Gewissen … ich weiß nicht wieso sie das nicht verstehen … zu wenig aufgeklärt über HIV … und vergessen das durch die Geilheit im Moment und wollen unbedingt da ohne. Ich glaub sie wissen es schon, ich sags ihnen auch manchmal … aber die sind einfach so dumm, dass sie das riskieren, denk ich einmal … durch das Gefühl … weil er eben weiß, dass das Mädchen dann unbedingt die Kohle haben will. Mit 19 bin ich eingstiegen mal und da war ich total zu, der hat mich mitgnommen mit dem Auto, da bin ich eingschlafen, es hat gheißen Hotel, er hat mich aber zu seinem Haus in irgendein Dorf außerhalb gführt und hat mich dann ans Bett gfesselt und die schlimmsten Dinge gmacht … vergewaltigt … Nadel in die Brust gsteckt, Busen wollte er abbinden, Dildo wollte er mir einführen und gschlagen, ja … weitere Sachen auch … ich hab einen Schock ghabt … hab mich dann wieder zurückführen lassen … das Ganze hat zwei Stunden dauert und der is dann anzeigt worden, es kam zu einer Gerichtsverhandlung, dadurch, dass ich mir das Kennzeichen gmerkt hab, der hat zweieinhalb Jahre bekommen, aber ich weiß nicht, ob er es abgsessen hat, weil er einen sehr guten Anwalt hatte … und mich haben sie mit Schmerzensgeld abgspeist und ich hab dann irgendwas unterschrieben … was ich sehr bereu jetzt, weil das Geld viel zu wenig war … ich hätt gern, dass er im Knast gsessen is … ich weiß jetzt nicht, ob er wirklich dort gwesen is oder nicht … also im Häfn … aber ich glaub nicht, weil er einen reichen Bruder hatte, dass er sich einen guten Anwalt leisten konnte … also ich glaub der hat Bewährung bekommen.«

Nicole, die seit zwei Jahren anschaffen geht, findet an den Prostitutionskunden überhaupt nichts Positives: **».... ich hab vor kurzem auch so einen ähnlichen Fall ghabt, is einer zu mir kommen ... zwei Kindersitze ghabt und einen Ehering oben ghabt und wollt aber mit mir ins Hotel fahren ... und da hab ich mir auch dacht, wieso bleibt er nicht bei seiner Frau. Ich weiß auch nicht, wieso sie das so machen ... vielleicht wollen sie die Frau nimmer, keine Ahnung, ich weiß nicht. Da gibts nichts Positives, da bist froh, wenn du dein Gschäft machst, das Geld hast, und wieder weg bist.«**

Stella geht seit vier Jahren anschaffen und berichtet über die Freier, dass viele auf den Verzicht von Kondomen bestehen: **»Na die meisten Freier haben ja eine Familie und eine Frau ... viele sind Ausländer und die teuren Autos sind meistens auf Kredit ... zahlen wollens ... die Ausländer 20 Euro für den Verkehr ... dann wollen sie noch ohne Gummi und wenn man sagt ›Nein, vielleicht bist krank‹, sagt er ›Nein, ich hab eine Frau und eine Familie‹ ... und das heißt, er is nicht krank angeblich ... also man kann auch krank sein, wenn man eine Frau und Familie hat ... wenn man immer ohne Gummi macht, mit den Junkies ... natürlich nehmen sie sich die Drogensüchtigen früher, weil sie billiger sind.«**

Jenny, 25 Jahre, schafft seit sie 16 Jahre alt ist an und erzählt von den Vorlieben mancher Freier: **»Zum Beispiel am Karlsplatz, da hat es einen geben, den gibts jetzt leider nimmer ... der hat zahlt wennsd ihn angspuckt hast, der wollte dass du ihn anspuckst ... ins Gsicht und dafür hast kriegt so mindestens 200 Schilling ... so gesehen kein Freier ... ein typischer Freier is eben einer, der will, dass ich ihm einen blas oder so oder mit ihm schlaf ... aber küssen gibts prinzipiell nicht ... busseln ja ... aber nix mit Zunge ... schlecken mag ich eigentlich auch nicht ... es kommt drauf an ... da sind ur fesche Typen auch teilweise dabei ... das fangt an von 25 bis 50 ... sympathische ... mit Freier schlaf ich sowieso nur mit Gummi**

... Französisch mach ichs ohne ... weil da kann man nicht zu Krankheiten kommen, also das ist nicht übertragbar, außer er is offen und ich extrem irgendwo, aber sonst wärs nicht übertragbar. Ich schlucks nicht, ich spucks immer aus ... ich schau eh, dass ich es mit Gummi meistens mach ... hin und wieder mach ichs auch ohne Gummi ... aber nur wenn er wirklich sauber is ... das Problem is, da wartest aber dann länger, die meisten wollens ohne Gummi ... bei Verkehr gibts kein Pardon ... und wenn er mir zahlen würd 1000 Euro mach ichs nicht ohne Gummi ... weil ich weiß, dass da welche herumrennen, die HIV haben und ich möchte kein AIDS kriegen ... schon alleine weil ich einen Partner hab. Ich hab jetzt momentan einen Kunden, den ich hin und wieder treff, wo ich aber nicht ihm einen blasen muss oder mit ihm schlafen muss ... der will einfach nur, dass man ihn sanft streichelt, kuschelt und dings ... vielleicht ganz langsam einen runter hol. Ich bin auch einmal von einem Freier vergewaltigt worden ... im Auto ... das war die zweite Vergewaltigung. Ich bin davor vergewaltigt worden einmal im Park ... da bin ich durchgangen ... seitdem geh ich nicht mehr dort wo viele Sträucher sind oder sonst was, oder in einem Wald sowieso nicht ... einfach weil das noch da is ... ich bin aber mit 16 eben das erste Mal vergewaltigt worden ... dann mit 17 und dann mit ... ziemlich bald danach ... da bin ich durchn Resselpark gangen und da hat ein Typ gmeint, er zahlt mir was ... Blödsinn, das war nicht so ... der hat mich auf einmal packt, in die Büsche zaht und hat mich ... also ich bin dreimal vergewaltigt worden in meinem Leben, das innerhalb von zwei Jahren. Am Karlsplatz, da gibts so einen Ausländer ... einen Araber und der hat Tipps geben an einen Typen ... auf alle Fälle waren die befreundet und der Typ hat die Reisepässe von Mädls gstohlen, die am Karlsplatz waren oder auch vielleicht von anderen und hat dann gsagt ›Ich hab Ihren Reisenpass gfunden‹ ... er hat im Hotel gwohnt ... bei ihm haben sie eben sechs oder sieben Reisepässe gfunden von Mädls ... und er hat eben gsagt ›Ja dein Reisepass‹ ... dann bin ich hinkommen ... und er hat mich begrapscht ... wenn ich mit ihm schlaf,

krieg ich den Reisepass, was ich natürlich nicht machen wollt ... er hat eben gsagt, er hat meinen Reisepass gfunden und er hat ihn im Hotel und ich bin dann eben mitgfahren, bin mit reingangen, weil er eben voll auf seriös rüberkommen is ... ich war damals schwer auf Benzodiazepine, auf Langsame.«

Sarah, 20 Jahre, die das erste Mal mit zehn Jahren Sex mit einem Freier hatte, berichtet von einer Auseinandersetzung mit einem Prostitutionskunden: »**... also ein Typ hat einmal probiert ... und hat mir das Messer anghalten ... und ich hab ihn dann einfach mit der Hand so festghalten und ich hab reinbissen ... also ich war ziemlich tief drin und es hat wirklich extrem gspritzt ... ur eklig aber ... dafür hab ich die Narbe da ... wie ich ihn ghalten hab, hat er das Messer so dreht und mir reingsteckt.«**

4. Partner oder Zuhälter?

Die meisten Mädchen und jungen Frauen die auf den Strich gehen, leben in Partnerschaften. In manchen Fällen sind die Partner erheblich älter und in anderen sind die Partner gleich alt bis kaum älter. Häufig haben sie keine geregelte Arbeit sondern leben von kriminellen Aktivitäten wie Einbruch, Diebstahl oder Dealen. Viele der befragten Frauen führen v.a. Beziehungen, um ihre Einsamkeit nicht in vollem Ausmaß spüren zu müssen. Nur in den wenigstens Fällen sind die Mädchen gleichberechtigte Partnerinnen in ihren Beziehungen.

Häufig führen sie Abhängigkeitsbeziehungen, die dadurch charakterisiert sind, dass der Partner die Drogen beschafft und sie durch ihre Prostitution das nötige Geld dafür erbringen. Auch zwingen Partner die Mädchen, anschaffen zu gehen und besorgen die Freier für sie. In manchen Fällen darf der Freund nichts von der Prostitutionstätigkeit erfahren, da die Mädchen dann einen Beziehungsabbruch oder auch eine massive Abwertung ihrer Person befürchten.

Es gibt aber auch Partnerschaften, in denen der Freund ehrliches Interesse zeigt; diese Beziehungen können als Ressource im Leben der Mädchen angesehen werden, da sie ihnen entweder Halt geben oder sogar helfen bzw. geholfen haben, auszusteigen.

In den meisten Fällen zeigt sich aber, dass die Beziehungen von Gewalttätigkeiten und/oder Nötigungen geprägt sind. Trotzdem ziehen die Mädchen diese Zwangs- und Abhängigkeitsbeziehungen einem Leben alleine vor, das ihnen ihre Einsamkeit, ihre Schutzbedürftigkeit und ihre Isolation tagtäglich bewusst machen würde.

Sexualität ist für viele Mädchen angstbesetzt und verunsichernd. Frühere Übergriffe und Missbrauchserfahrungen aber auch die immer wiederkehrenden Grenzüberschreitungen, Nötigungen und Gewalterfahrungen auf dem Strich erschweren ihnen einen positiven Umgang mit ihrem Körper, mit ihren Bedürfnissen und mit körperlicher Nähe. Für viele ist die Sexualität ein notwendiges Übel um den Partner zu halten, um einer Norm zu entsprechen und ihre Verletzlichkeit zu verbergen. Bei manchen Mädchen und jungen Frauen, die sich vom Strich abgewandt haben, wird aber deutlich, dass sie es schaffen können, ein erfülltes Sexualleben zu führen.

Babsi, die seit kurzem eine Beziehung führt, berichtet Folgendes: »**Noch nicht lange, ein Jahr ... er is 40. Ich bin glücklich, ich bin zufrieden ... er is auch zufrieden, er weiß auch was ich mach, für ihn is das auch eine Dienstleistung und er hat sich dran gwöhnt. Wir haben uns kennen glernt in irgendeinem Lokal und sind ins Quatschen kommen einfach so ... indem man halt zum reden anfangt miteinander ... wir haben mehr oder weniger jeder unser eigenes Leben, wir sind zwar schon zsamm und wir sehen uns auch jeden Tag, nur es sind trotzdem zwei Welten irgendwo ... er hat seinen Weg, er hat Freunde außerhalb, aber auch die Leut von mir ... ich kenn seine Welt weniger als er meine. Ich muss zwangsweise hin und wieder, weil sonst gibts keine Beziehung, weil sonst haut er mir früher oder später ab ... aber so richtig ... da spielst halt was vor ... ich hab kein Gefühl mehr dabei ... ich schau, dass er glücklich is, weil ich bin glücklich so mit seinem Charakter, so wie er is und was er tut ... ja, das will ich mir behalten ... den Sex brauch ich nicht.**«

Stella hat für ihren Freund mit der Prostitution aufgehört: »**Im Februar sinds zweieinhalb Jahre ... er is 21 jetzt. Er hats nicht gwusst ... ich habs ihm dann gsagt. Seit acht Monaten[36] ... weil ich es ihm gsagt hab und er hat mich vor die Wahl gstellt und ich hab mich für ihn entschieden ... weil ich ihn über alles liebe und ich wollts auch nimmer machen ... ich war schon nervlich**

36 geht Stella nicht mehr anschaffen

so am Ende ... ich hab dann von ihm immer Zigaretten kriegt, also hab ich das nimmer machen müssen ... ab und zu hab ich von meiner Schwiegermama Geld kriegt. Die Probleme beim Sex hab ich ghabt, wie ich am Strich gangen bin, weil da wollt ich nie, weil ich wollt dann meinen Abstand haben.«

Carina erzählt, wie sehr ihr Freund unter ihrer Prostitutionstätigkeit leidet: **»Na ich weiß, es ist ihm überhaupt nicht Recht, aber er weiß, dass ich das total gschäftsmäßig mach, das is für mich kein Sex, das is nur Gschäft. Ich weiß, dass er damit total unglücklich is, aber es is momentan ... wenn wir eben überhaupt kein Geld mehr haben, finden wir keine andere Lösung und er würd sogar gehen statt mir, wenns gehen würde, aber es gibt keinen Männerstrich eigentlich mehr ... aber ich weiß, dass ers machen würd, bevor ichs mach ... wir reden eigentlich da gar nicht drüber.«**

Mercedes schildert ihre Beziehung als sehr ambivalent: »... **ich bin vier Jahre mit meinem Freund zsamm ... da bin ich die ersten Monate, ein halbes Jahr net gangen, weil ich eben so verliebt war ... aber jetzt ... er tut einbrechen und lauter so Sachen, keine Ahnung was er macht ... vorher hat er mich gschlagen, eine Zeit lang ... jetzt is er auf Substi drauf, tut junken, behandelt mich wie ein Stück Scheiße ... er wohnt jetzt auch bei mir, er hat seine Wohnung verloren ... ich hab immer Geld ... er behandelt mich wie ein Stück Scheiße, spuckt mir ins Gsicht oder wenn ich einmal sag, ›Nein du kriegst kein Geld‹, dann fetzt er mich ... meine Schwester sagt mir, der Typ behandelt mich so wie ein Stück Scheiße ... und wenn wir streiten und er geht, und trotzdem sag ich immer ›Komm zurück‹ ... ich komm einfach nicht weg von ihm, entweder weils Gewöhnungssache ist, weil ich schon seit vier Jahren wirklich Tag und Nacht mit ihm zsamm bin ... wahrscheinlich is es das, weil lieben tu ich ihn schon, aber nicht mehr so wie am Anfang.«**

Für Janina war ihr 24-jähriger Verlobter der Grund, um der Prostitution den Rücken zu kehren: **»... er is grad aus dem Gfängnis rauskommen und ich bin grad vom Arzt zurückkommen ... ich hab ihn so fesch gfunden und wir sind sofort zsammkommen, das war am 19. Juli und am 21. Juli hab ich dann Geburtstag ghabt, das war so mein Geburtstagsgeschenk von Gott oder ich weiß nicht ... von irgendwo, aber es war meine Rettung. Er hat früher bei einem Sender garbeitet, is dann drei Jahre im Gfängnis gsessen, weil er Kokain und Heroin gedealt hat, aber jetzt macht er gar nix mehr, also er is auch substituiert, er is noch höher drauf, er is noch auf 400 ... und ich helf ihm halt auch, dass er runterkommt, aber er schluckt auch noch. Wir wohnen bei seiner Mutter, das is wie eine Familie da draußen für mich, da halten alle zu mir ... die wissen auch von meiner Vergangenheit ... die sind alle für mich da. Ich hab Probleme mit einem Jungen zu schlafen. Aber er versteht das total. Ich mein, dreimal haben wir Zoff gehabt, da hat er mir eine Watschen runterghaut, aber das war am Anfang und jetzt passt eigentlich alles. Ich hab noch nie einen richtigen Freund ghabt, die meisten haben mich entweder nur am Strich gschickt oder gschlagen und lauter so Sachen oder an ihre Freunde verkauft ... und lauter so Schmähs.«**

Andrea berichtet, dass ihr Freund Probleme hat, sie mit anderen Männern zu teilen und sie generell keine Lust mehr auf Sex hat: **»Er möcht das nicht, weil ich dann nicht mehr ihm ghör ... er hat gsagt, er kann nicht damit leben, dass ich beim Sex ... ich dreh mich einfach weg und lieg da wie ein Brett ... damit kann er nicht klar kommen. Ich hab Sex schon so satt ... ich kann keinen Orgasmus mehr kriegen ... einmal hab ich einen ghabt ... die letzten vier Jahre ... ich war mit wem zsamm, keinen Orgasmus. Ich kann keine Gefühle zeigen ... ich komm nicht zum Orgasmus ... ich hab Angst davor ... vor der Bindung ... ich bin gern frei ... ich bin wie ein Adler, der die Freiheit liebt ... so bezeichne ich mich halt immer.«**

5. »... meine Seele ist schon fast tot ...«

Jugendliche Prostituierte haben in ihrer Vergangenheit eine Vielzahl von traumatisierenden Erfahrungen gemacht und sind häufig von wichtigen Bezugspersonen massiv enttäuscht worden. Fast alle wurden in der Kindheit Opfer körperlicher, sexueller und psychischer Gewalt in ihrer Familie. Wie auch eine Expertin betont, haben diese Mädchen und jungen Frauen viele Narben auf ihrer Seele und ihre lebensgeschichtlichen Hintergründe haben einen massiven Einfluss auf ihren derzeitigen psychischen Zustand. Laut Expertinnenmeinung leiden viele weibliche, jugendliche Prostituierte an Bindungs- und Beziehungsstörungen bzw. haben nicht gelernt, günstige Beziehungsmuster zu entwickeln. Außerdem weisen viele dieser Mädchen Symptome von Persönlichkeitsstörungen wie z.B. Selbstwertstörungen, starke Ich-Bezogenheit, impulsive und hysterische Störungen und selbstschädigendes Verhalten auf.

Der Drogenkonsum bzw. die Drogenabhängigkeit der jungen Prostituierten kann aus verschiedenen Perspektiven betrachtet werden, die im Sinne eines multifaktoriellen Entstehungsmodells von Substanzabhängigkeit alle ihre Berechtigung haben. Das Experimentieren mit Substanzen ist ein Aspekt, der zur Entwicklung im Jugendalter dazugehört. Eine befragte Expertin betont, dass ihrer Ansicht nach Jugendliche mit einer gesund entwickelten Persönlichkeit nicht Gefahr laufen, über das Ausprobieren von Suchtmitteln hinauszugehen und abhängig zu werden.
Die Entstehungsursachen von Sucht können einerseits auf die Kindheit und die Familiensituation der Mädchen zurückgeführt werden – d.h. Sucht als Folge der Lebensgeschichte. Andrea sieht einen Zusammenhang zwischen ihrer Vergangenheit und dem Leben, das sie jetzt führt:

»Ich denk mir, dass mein Vater schuld is ... ich wurde ja wie ich klein war von meinem Vater sexuell missbraucht, ich werd das eben gsucht haben, die Geborgenheit, die Freundschaft und die Treue und die findest du nur wennsd high bist oder zudröhnt bist.«
Anderseits kann der Konsum von Suchtmitteln aber auch als Strategie der Mädchen gesehen werden, ihre jetzige Lebenssituation und ihre Prostitutionstätigkeit »aushaltbar« zu machen. Einige erzählen, dass sie erst nach dem Einstieg ins Prostitutionsmilieu mit den Drogen begonnen haben bzw. dass ihr Konsumverhalten erst durch die Auswirkungen und Gegebenheiten der Prostitutionstätigkeit problematisch geworden ist. Mercedes, die seit vielen Jahren Kokain konsumiert, berichtet: **»... bei mir wars so, am Anfang hab ich Drogen gnommen, damit ich die Probleme vergess... und am Anfang wars so ... ich habs vergessen, weil ich wirklich total wach war ... jetzt nehm ichs schon jahrelang und ich kann weiß nicht wie viel Gramm Koks nehmen, zwei, drei und trotzdem sind die Probleme noch immer da, früher sinds noch weg gangen ... aber jetzt ... «**
Der Konsum von Suchtmitteln beeinflusst gravierend Wahrnehmungs- und Verarbeitungsprozesse sowie Gemütszustände; bei vielen Mädchen und jungen Frauen besteht eine psychische Abhängigkeit. Eine Expertin führt die psychischen Auffälligkeiten, die bei einigen jugendlichen Prostituierten beobachtet werden, zum Teil auf ihren Drogenkonsum zurück. Andrea meint in diesem Kontext: **»Mich haben die Drogen verändert ... die Persönlichkeit ist gespalten ... du bist nicht mehr du selbst wenn du einmal Drogen nimmst.«**
Einige unserer Interviewpartnerinnen haben bereits Selbstmordversuche hinter sich. Dazu Janina: **»... ich hab schon sieben Selbstmordversuche hinter mir ... ich hab einfach nimmer wollen ... das siebte Mal bin ich drei Monate im Koma glegen ... also alles mit Drogen.«** Auch Andrea denkt häufig an Selbstmord: **»... ich weiß nix anfangen mit meinem Leben ... wenn meine Oma noch da wär, wär alles ganz anders ... manchmal**

fühl ich mich sehr einsam ... da bin ich traurig ... da weiß ich nichts anfangen mit mir ... da möcht ich mich manchmal umbringen ... aufhängen oder erschießen ... im Monat viermal denk ich an so was ... jede Woche einmal. Ich wein in der Woche fünfmal, fünf bis sechsmal ... da bin ich sentimental ... da läuft mir einfach was über die Leber und ich fang an zum Heulen ... zum Beispiel wenn ich Kinder seh, die glücklich sind, die was eine schöne Kindheit haben ... weil ich das nicht ghabt hab ... einfach, der Gedanke is da, der hats gut, der hats schön, der wird nicht angriffen ... weiß ich nicht ... der hat eine schöne Kindheit ganz einfach.« Sie hat oft Alpträume in der Nacht in denen ihr eigener Tod vorkommt. **»Ich träum, dass ich aufhör zum Atmen, schirche Träume ... ich setz mir eine Spritze, drück ab und es is gar nix, dann geh ich schlafen und auf einmal hör ich auf zum Atmen.«** Diese Gedanken an den Tod interpretiert Andrea folgendermaßen: **»... es is eine Angst ... Wunsch und Angst ... ich weiß es nicht genau.«**

Für die befragten jungen Frauen stellt es eine große Belastung dar, ihren Körper zu verkaufen, denn es hat massive Auswirkungen auf ihre psychische Verfassung. »Prostitution brennt den Frauen und Mädchen die Gefühle aus dem Körper.«[37] Fast alle Mädchen warnen vor den Folgen dieser Tätigkeit, wie beispielsweise Jenny: **»Ich mein ich würds keinem Mädl raten, jemals am Strich zu gehen ... das macht dich psychisch total kaputt, man hat kein Gefühl mehr.«** Auch Carina teilt diese Ansicht: **»... machs nicht, lass es lieber, du machst dir alles kaputt, machst dich psychisch kaputt.«** Mercedes betont in diesem Kontext, wie schwierig es ist, wieder mit der Prostitution aufzuhören. **»... einmal Hure, immer Hure ... das is wie eine Sucht!«**

Mädchen, die länger im Prostitutionsmilieu bleiben, tragen seelische Schäden davon und ihre Charaktere verändern sich durch die Erfahrungen im Milieu – sie sind gezwungen, wie

---

37 Hoigard/Finstad, 1987:158; zit. n. Schuster, 2003:99

erwachsene Frauen aufzutreten und versäumen damit einen wesentlichen Entwicklungsschritt in der Identitätsbildung, denn das Milieu bietet keinen Raum für altersadäquate Unsicherheiten.[38]

Sich zu prostituieren, bedeutet für diese Mädchen eine immer wiederkehrende Grenzüberschreitung und in diesem Sinn eine Fortsetzung der sexuellen Übergriffe, die die meisten der befragten jungen Prostituierten in ihrer Vergangenheit erlebt haben.

Ihr Selbstwertgefühl wird durch die Prostitutionstätigkeit stark beeinträchtigt, denn sie erleben es als erniedrigend, ihren Körper zu verkaufen. Sie verachten sich für ihre Handlungen und werten sich selbst ab. Mercedes meint dazu: »... **ich fühl ich mich einfach schmutzig, abgfuckt ... nicht verfault aber ... wie soll ich sagen, wie eine Ruine ... durch das ganze Giftln und durch das was ich da mach ... wie eine Ruine.**« Andrea beschreibt ihre Gefühle nachdem sie einen Freier bedient hat folgendermaßen: **»Ich fühl mich schlecht ... ausgnutzt ... schmutzig komm ich mir vor ... ich frag mich, warum ich das eigentlich gmacht hab.«** Die jugendlichen Prostituierten erzählen auch über die schlimmsten Aspekte beim Anschaffen, wie Mercedes: **»Na alles ... dass ich mich hingeben tu für Geld, dass ich mich bezahlen lass ... das sind keine alten Leute ... Männer die verheiratet sind, Kinder haben ... beim Blasen, da tuns den Kopf so runter, das pack ich nicht so was ... immer wenn ich einsteig oder so was mach, nimmts ein Stück von meiner Seele ... meine Seele ist schon fast tot ... ich versteh aber nicht, warum ich das trotzdem mach.«** Janina, die wie viele andere bereits Übergriffe von Freiern erlebt hat, meint: **»Das Schlimmste ... ja, wenns gewalttätig werden.«** Stella empfindet die stets vorhandene Ungewissheit in Bezug auf die Kunden als belastend: **»Dass man nicht weiß, was das für Leute sind ... dass vielleicht der Gummi platzen kann ... der is vielleicht krank, hat vielleicht AIDS, dann hat mans auch ... oder**

38 vgl. Tiede, 1997:102

dass man vergewaltigt oder gschlagen wird.« Für Carina ist die Anbahnung der Prostitution das Schlimmste: »**Das Gefühl vorher ... und die Angst, dass man lange dort bleiben muss, dass keiner stehen bleibt ... was aber eh immer der Fall is, aber es is trotzdem immer so, dass ich schon vorher ein nervöses Kribbeln hab ... und überhaupt die Tatsache, dass ich es tu.«**

Auch von der Gesellschaft wird den sich prostituierenden Mädchen das Gefühl vermittelt, minderwertig zu sein. Viele haben bereits stark diskriminierende Reaktionen erfahren. Stella erinnert sich an Aussagen der Exekutive: »**Na ja, die haben mich immer Scheißhur gschimpft ... die Polizei, ja ... die sind nicht so freundlich wie alle glauben ... die schimpfen dich gleich.«**

Die meisten jungen Prostituierten gehen infolgedessen davon aus, dass sie von ihrer Umwelt »negativ« wahrgenommen werden. Auf die Frage, was Menschen außerhalb des Milieus über sie denken, antwortet Babsi: »**Die müssen sich sicher alle denken, dass wir Psychopathen sind, eine wie die andere ... weil ich glaub, ich kenn keine Leut, die sich vorstellen können, dass wir ganz normal sind im Kopf, weil die nicht verstehen können, wie man sich auf so ein Niveau herunterlassen kann.«** Andrea berichtet: »**... die denken sich, das is eine Hure, ein Dreckfetzen ... das hab ich schon ghört so.«** Rita hingegen meint: »**Manche denken sicher nix Schlechtes über mich ... denken sich das kleine Mädchen ... niemand denkt schlecht über mich.«** Stella vertritt folgenden Standpunkt: »**Mir war das wurscht, weil ich mir dacht hab, die Leut sollen denken über mich wie sie wollen, sie wissen nicht wie das is, wenn man das macht ... sie sollen vor ihrer eigenen Tür kehren, die haben sicher auch Probleme.«** Nicole ist ähnlicher Ansicht: »**Das is mir eigentlich egal, was die über mich denken, ich hab meine Meinung über mich und die reicht mir und wenn die anderen ein Problem mit mir haben, haben sie ein Pech ghabt ... das is meine Sache.«**

Weibliche, jugendliche Prostituierte stellen eine stigmatisierte Randgruppe der Gesellschaft dar und sie fühlen sich auch so, wie z.B. Carina, die derzeit gerade versucht, schrittweise ihr Leben wieder in den Griff zu bekommen: **»Na ja, ich bin zwar nicht ausgegrenzt, weil ich ja eh auch eine Wohnung hab und so ... aber irgendwie innerlich schon ... weil ich eben wenig Freunde jetzt hab und weil ich keine Arbeit hab ... also ich fühl mich innerlich schon als Außenseiter, obwohls äußerlich vielleicht nicht so rüber kommt.«** Auch Babsi berichtet über ihre Erfahrungen, ausgegrenzt zu sein: **»Wenn die Leute draufkommen sind, was ich gmacht hab, dann eigentlich schon ... ich mein ausgschlossen ... das kannst gar nicht so richtig beschreiben ... sie sagen es dir nicht ins Gsicht, aber du merkst das, dass hinterrucks dann blöde Schmähs rennen.«**
Gesellschaftliche bzw. familiäre Anlässe oder Feiertage verstärken Gefühle von Isolation, wie etwa bei Mercedes: **»Ja, manchmal schon ... nicht immer, aber jetzt wie Weihnachen war ... ich bin mir vorkommen wie in einer anderen Welt, also richtig abgrenzt.«**

Die befragten Mädchen und jungen Frauen werden im Zuge ihrer Tätigkeit als Prostituierte auch häufig Opfer von gewalttätigen Übergriffen seitens der Freier, die schwerwiegende Folgen für ihre psychische Gesundheit haben können – wie z.B. Angstzustände und Depressionen. Nur in wenigen Fällen wird Anzeige erstattet und der Täter verurteilt. Meistens werden die Gewalttäter nicht strafrechtlich belangt, da die Mädchen aufgrund ihres illegalen Status Angst vor der Polizei haben und außerdem befürchten, dass ihnen nicht geglaubt wird.
Immer noch denken manche Menschen, dass eine Frau, die sich prostituiert, nicht vergewaltigt werden kann und es kommt vor, dass Prostituierten aufgrund ihres »moralischen Fehlverhaltens« Mitschuld an einer Vergewaltigung zugewiesen wird.[39] Gewalterfahrungen von Prostituierten werden

39 vgl. Schuster, 2003:96

so zu doppelten Ohnmachtserfahrungen, denn »... erst erleiden sie die Gewalttat und müssen dann deren Billigung durch die VertreterInnen der gesellschaftlichen Institutionen miterleben.«[40]

Ein weiterer Unsicherheitsfaktor im Leben der befragten Mädchen ist ihre oftmals kritische Wohnsituation. Viele der jungen Prostituierten sind oder waren bereits einmal obdachlos bzw. wohnungslos. Das Leben auf der Straße wirkt sich drastisch auf die psychische Konstitution der Betroffenen aus. »Einerseits haben sie sich aus destruktiven Strukturen befreit und daraus Stärke und Selbstbewusstsein gewonnen, andererseits machen sie weiterhin die schmerzvolle Erfahrung ›unerwünscht‹ und ›überflüssig‹ zu sein.«[41] Mädchen auf der Straße wird das Gefühl vermittelt, nicht normal und damit ausgegrenzt zu sein. »Jeder gescheiterte Versuch der Integration in die Gesellschaft nagt am Selbstbewusstsein und zerstört Hoffnungen. Autoaggressionen, Essstörungen und andere psychische Probleme sind typische Verarbeitungsstrategien und somit Folge der erlebten Gewalt im Elternhaus und auf der Straße.«[42]

Die Lebenssituation der jungen Prostituierten bringt viele Belastungen mit sich – konkret auf ihre größten Sorgen und Probleme angesprochen, erzählen die Mädchen, dass ihnen ihre Suchtmittelabhängigkeit schwer zu schaffen macht und dass sie nicht wissen, wie sie von ihrer Sucht loskommen sollen. Auch ihre momentane Wohnsituation und finanzielle Lage bzw. ihre Schulden wurden als Belastungen angeführt. Große Sorgen bereitet manchen auch, dass es ihnen bis jetzt nicht möglich war, auf Dauer eine Lehrstelle oder reguläre Arbeit zu finden bzw. zu behalten. So z.B. Stella, die schon etliche erfolglose Bewerbungsgespräche erlebt hat und den

40 Schuster, 2003:96
41 Bodenmüller, 2001:95
42 Bodenmüller, 2001:95

Grund dafür in ihrem Aussehen und ihrem Bildungsstand sieht: »**Manchmal denk ich mir das schon, dass ich nimmer will und kann, weil es is schon entmutigend, wenn jeder sagt bei der Arbeit, ›Nein, Sie sind zu dick‹ oder das passt nicht ... ›Das ist Scheiße, dass Sie erst jetzt den Hauptschulabschluss gemacht haben.‹** «
Weiters haben einige Mädchen Angst davor, sich mit Krankheiten zu infizieren bzw. bereits infiziert zu sein. Der bei vielen nicht vorhandene Kontakt zu Familienmitgliedern wurde ebenso als ein belastender Faktor in ihrem Leben genannt. Jenny, deren Beziehung zur Mutter in der Kindheit von Konflikten und Gewalt geprägt war, erzählt: »**... was mich belastet ... jetzt nicht nur durch die Kindheit, sondern was mich jetzt aktuell auch belastet, is, dass mich meine Mutter abgstoßen hat ... seit dem ich mit ihr keinen Kontakt mehr hab ... diese drei bis vier Jahre ... und vor allem, dass sie mich in keiner Weise unterstützt ... weder als Mutter, zu der ich gehen kann und erzählen kann wie ich mich fühl oder sonst was.**«

Einige der jungen Frauen haben Erfahrungen mit Psychiatrieaufenthalten, wie beispielsweise Andrea, die derzeit auch psychiatrisch behandelt wird. Sie ist sich nicht ganz sicher, welche Diagnose ihr attestiert wurde – sie glaubt aber, dass es Schizophrenie war. Andrea beschreibt, wie sich diese Krankheit bei ihr äußert: »**Aggressiv, bösartig, dann ja ... freundlich, sanftmütig, zwei Gesichter ... ich hör Stimmen, die befehlen mir. Ja, mein Vater ... mein richtiger ... er sagt mir, ich muss jetzt Sex haben oder ich muss jetzt die Drogen nehmen oder ich muss das nehmen oder ich muss das machen ... und auch der Alfred, mein Exfreund ... der war sexsüchtig ... der befiehlt mir eigentlich ... diese Stimme befiehlt mir nur, was ich im Sex zu tun hab ... er hat Hand über mich ... das is schirch, wenn dich jemand in der Hand hat ... soll ich dir das Gefühl beschreiben? Kennst du das wenn man eingsperrt ist? In eine Wohnung eingsperrt? Und jetzt musst dir aber vorstellen, die Seele is gfangen ... eingsperrt ... dass du einfach eingsperrt bist**

und kannst aber nicht aus ... wennsd aus kannst, fliegst aus dem zehnten Stock.« Sie geht noch weiter über die Stimme ihres Ex-Freundes ins Detail: **»Dass ich das machen muss zum Beispiel beim Sex ... anal ... aber das mach ich ja nicht ... er befiehlt mir zwar, ich muss anal machen, ich muss ... der Mann muss mir die Finger hinten reinschieben und das geht dann soweit bis ich blut und dann werd ich aber wieder wach und dann weiß ich nix mehr was passiert is ... ich stell mir das vor in Gedanken wie das sein müsst und manchmal blut ich ja wirklich hinten, weil ich Hämorrhoiden hab ... und ich stell mir das vor wenn ich blut und ich weiß, dass ich blut ... stell ich mir das vor, wenn der jetzt den Finger drin ghabt hätte ... dass er mich vielleicht mitn Nagel aufgrissen hat oder irgendwas gmacht hat.«** Andrea wird von ihrem Arzt medikamentös behandelt. **»... ich nehm Praxiten, Rohypnol, Antidepressiva ... weil ich depressiv bin ... ich war drei Monate im Koma ... glaubt man gar nicht, gell? Ich hab eine Überdosis erwischt ... dann bin ich wieder zu mir kommen und dann bin ich immer deprimierter worden ... immer depressiver ... und dann seh ich manchmal Schatten, so wie jetzt wieder ... ich seh Schatten hinter mir ... er schimpft mich, der Schatten ... du Hure, du Arschloch, geh scheißen ... aggressiv ... seit dem Koma is es extremer worden.«** Sie berichtet weiter von ihren Essstörungen. **»... alles was ich essen tu, geh ich aufs Klo und ... vor drei Jahren hat das begonnen.«**

Auch Janina geht regelmäßig zu einem Psychiater: **»Ich bin derzeit in psychiatrischer Behandlung. Allgemein, vom ganzen Leben her ... vom Strich angefangen bis zu den Eltern, wegen alles Mögliche. Mein Substitutionsarzt is gleichzeitig Psychiater, da bekomm ich Trittico, das sind Schlaftabletten, die sind für die Nerven, damit ich durchschlafen kann, weil ich wach oft auf und schrei in der Nacht. Das sind Antidepressiva. Meine Diagnose is leichte Depressionen.«**

Die Art und Weise, wie die Mädchen und jungen Frauen mit ihren Problemen umgehen, ist unterschiedlich. Als Bewältigungsstrategien wurden u.a. erwähnt »mit meinem Hund kuscheln«, »weinen, Musik hören und über alles nachdenken«, »mich zurückziehen innerlich, allein sein, nachdenken und spazieren gehen«. Viele wenden aber auch dysfunktionale Strategien an und konsumieren Suchtmittel, um ihre Sorgen und Ängste zu kompensieren und um aus der realen Welt zu flüchten. Sie versuchen sich durch die Drogen »zuzumachen«, um all ihre Probleme zu vergessen und zu verdrängen. Dies ist oft der letzte Ausweg bzw. die einzige Möglichkeit für sie, ihre Vergangenheit und ihre derzeitige Lebenssituation zu ertragen.

6. Doppelleben

Aus den Erzählungen geht hervor, dass viele der jungen Prostituierten ihre Prostitutionstätigkeit verheimlichen müssen und somit ein Doppelleben führen. Aus einer deutschen Studie[43] die diese Thematik bezüglich erwachsener und professioneller Huren bzw. Sexarbeiterinnen behandelt, wurden verschiedene Wege deutlich, die in diesem Kontext von Frauen eingeschlagen werden. Manche führen zwei komplett voneinander getrennte Leben, andere behalten ihre Prostitutionstätigkeit einfach gegenüber bestimmten Personen für sich und wieder andere verschweigen die Prostitution nur bei gewissen Gelegenheiten. Professionelle Prostituierte lassen sich beispielsweise auch mit einem anderen Namen anreden oder verkleiden sich. Bei manchen von ihnen dürfte auch ein gewisser Reiz mitspielen, zu schauspielern[44]. Gründe für ein

43 vgl. Schuster, 2003:55ff
44 vgl. Schuster 2003:56f

zumindest partielles Doppelleben sind v.a. Stigmatisierung und Diskriminierung durch das Umfeld und die Gesellschaft per se. Weiters existiert die Angst, durch das Bekanntwerden der Prostitution Familienmitglieder oder enge Bezugspersonen zu verletzen, zu enttäuschen aber auch, sie in Misskredit zu bringen. Auch die Befürchtung, dass ihnen das Sorgerecht für die eigenen Kinder entzogen wird, kann in diesem Kontext eine große Rolle spielen. Generell besteht bei vielen die Angst, die Anerkennung von geliebten Menschen zu verlieren.
Bei den jugendlichen Prostituierten kommen weitere Faktoren hinzu wie beispielsweise die Tatsache, dass sich fast keine von ihnen als Prostituierte sieht und deklariert. Diese Mädchen und jungen Frauen befinden sich auch durch ihre Minderjährigkeit in einer Illegalität, die sie dazu zwingt ihre Tätigkeit zu verheimlichen.

Babsi schildert, dass sie zur Aufrechterhaltung bzw. zur Wahrung des Scheins ihren Eltern nichts von ihrer Tätigkeit als Prostituierte erzählt[45]. **»... mein Bruder ... mein zweitältester und mein ältester Bruder, das sind die einzigen zwei, die das wirklich wissen was ich mach ... obwohl sie beide erst 17 und 18 sind ... halten sie beide dicht bei den Eltern ... weil wenn meine Eltern draufkommen würden, was ich mach, die bringen mich um. Die glauben ich bin in einem Hotel als Rezeptions ... dings ... sie wissen eh wo ich wohn ... sie glauben halt, dass ich in dem Hotel um die Ecke arbeit ... und das is wenns mich da abliefern ... sag ich halt ›Setzt mich da ab‹ ... und warte bis sie weggfahren sind ... zum Scheinwahren ... ich hab zwischendurch immer wieder seriöse Arbeiten gmacht, damit sie mich kurzfristig besuchen können ... das war dann immer so bei Supermärkten in der Wurschtabteilung, damit sie mich irgendwo sehen ... so zwischendurch ... so Ablenkungsjobs hab**

45 Anm.: Babsi ist die einzige von uns befragte junge Frau, die sich selbst als »Hure« bezeichnet und zu ihrer Tätigkeit steht.

ich gmacht ... damit sie das glauben ... wenn ich irgendwo angmeldet bin, sag ich ›Na was is, besucht mich mal in der Arbeit‹ ... und dann kommens zwei, drei Mal ... soviel Zeit haben die ja auch nicht ... das is echt nur Ablenkung ... so was reißt mir nix aus ... das is ja auch nur so ein Alibi-Job immer wieder.«
In Babsis Schilderung wird deutlich, dass sie Wege und Mittel gefunden hat, das Verhältnis zu ihren Eltern nicht zu gefährden und gleichzeitig ihr Leben ungestört führen zu können. Sie hat sich an dieses Versteckspiel bereits gewöhnt und es scheint sie nicht mehr in dem Maß zu belasten, wie es bei allen anderen befragten Mädchen und jungen Frauen der Fall ist.
Stella erzählt, wie sehr sie unter ihrem Doppelleben gelitten hat: **»... weil ich habs meiner Mutter verheimlicht, meiner ganzen Familie, niemand hats gwusst.«** Sie schildert, wie schwierig die Zeit für sie war, als sie in einem Heim untergebracht war, tagsüber die Hauptschule besuchte, danach anschaffen ging, dann einen kurzen Stopp im Heim machte, um sich frisch zu machen und zu essen, um im Anschluss daran wieder abends auf den Strich zu gehen. Nur den SozialpädagogInnen, die es durch Zufall bemerkt haben, erzählte sie davon, als diese sie konkret auf ihre Prostitutionstätigkeit ansprachen. **»Ja, die haben es gwusst. Sie haben eh dauernd gsagt, ich soll damit aufhören ... aber es geht nicht so leicht, damit aufzuhören ... das is ein Teufelskreis, da gehts immer mehr runter.«** Sie erinnert sich, dass die SozialpädagogInnen es deshalb herausfanden, weil sie plötzlich viel mehr Geld hatte als früher. Jenny berichtet, dass sie die Prostitution vor ihrem Freund geheim hält: **»Er weiß es nicht, er hat die Vermutung ... aber ich würd es ihm auch nicht gestehen. Einfach aus dem Grund, weil er dann meint, er könnt dann auch mit anderen schlafen und das will ich nicht ... und vor allem is das für mich ein Unterschied, ob ichs für Geld mach ... weil da keine Gefühle im Spiel sind.«** Auch Mercedes erzählt, dass sie die Prostitutionstätigkeit ihrem Partner verschweigt: **»Er fragt schon, er sagt schon immer ... wenn wir streiten, wenn er**

graucht hat … ›Ja du Hure, weiß eh, dassd am Strich gehst‹ … aber ich gebs einfach nicht zu und aus.«
Jenny berichtet, dass sie eine Preisliste führt, die sie extra verschlüsselt, damit ihr Freund im Fall der Fälle nicht sofort bemerkt, dass sie auf den Strich geht: **»Ich hab Zetteln, wo ich aufgschrieben hab extra so Abkürzungen und eben was für Preise ich verlang und so weiter.«** Die Mädchen befürchten, dass ihre Partner – sofern diese nicht ohnehin als Zuhälter fungieren – sie sonst abwerten oder – wie im Fall von Jenny – selbst mit anderen Mädchen oder Frauen Sex haben könnten.
Bei fast allen Mädchen wird deutlich, wie sehr sie dieses Versteckspiel belastet und wie anstrengend es für sie ist, diese Tätigkeit auszuüben, ohne mit jemandem darüber sprechen zu können. Stella meint in diesem Kontext: **»Ich fühl mich schon komplett anders, weil ich diese Last immer mit mir tragen muss.«**
Wenn sie Übergriffe von Freiern erfahren oder andere höchst belastende Situationen erleben, müssen sie diese alleine verarbeiten. Alltagsgespräche, die bei jedem anderen Job möglich sind und als Regulativ fungieren, fallen bei dieser Lebensform zur Gänze weg.

7. Schwangerschaften und eigene Kinder

Fast alle befragten Mädchen und jungen Frauen die auf den Strich gehen, waren schon einmal schwanger. Viele von ihnen haben ihre Kinder auf die Welt gebracht, andere haben Fehlgeburten oder Totgeburten erlebt und manche haben abgetrieben. Bei einigen Mädchen waren Freier die Väter und bei anderen ihre Partner oder Expartner. Unsere Interviewpartnerinnen haben die Tatsache schwanger zu sein sehr unterschiedlich aufgenommen, obwohl sie für die meisten mit der großen Hoffnung verbunden war, »etwas Eigenes« zu haben, das sie umsorgen können und das ihnen gehört. Bei ein paar Mädchen löste diese Nachricht auch einen Schock aus, da sie entweder ihrer eigenen Ansicht nach noch zu jung dafür waren oder sich in einem Lebenskontext befanden, der das Aufziehen eines Kindes unmöglich machte. Die meisten sind bis kurz vor der Geburt bzw. schon wieder kurz nach der Geburt anschaffen gegangen.
Fast keine lebt mit ihrem Kind zusammen obwohl es sich die meisten wünschen. In beinahe allen Fällen wurde ihnen das Sorgerecht entzogen, da ihr Lebensstil eine Gefährdung für das Kind darstellte. Selten beantragen Familienmitglieder das Sorgerecht, was dann zumindest einen sporadischen Kontakt ermöglicht. Meistens wurden die Kinder aber bei Pflegefamilien untergebracht oder zur Adoption freigegeben. Viele der Mädchen haben in ihrem Leben bereits traumatische Verlusterlebnisse erfahren und die Kindesabnahme stellte eine weitere Verletzung dar.

Eine Expertin berichtet über ihre Beobachtungen wenn jugendliche Prostituierte schwanger werden: **»Es gibt ja den Wunsch nach dem Kind, nach dem heilen Leben und daher ist das immer ›ich freue mich und mein Freund freut sich‹ ... es sind auch keine – jedenfalls nie formuliert – von Freiern, sondern**

immer aus Beziehungen ... wie auch immer ... und ich hab in diesen elf Jahren einen einzigen Abbruch miterlebt, die war sehr klar entschieden, dass sie das nicht will in der jetzigen Situation, das hab ich so noch nie erlebt ... wir würden das alles begleiten und wir arbeiten auch darauf hin, eine realistische Einschätzung, das geht und das geht nicht ... weil klar ist, wenn sie sich nicht für Drogenfreiheit entscheiden, können sie auch mit dem Kind nicht zusammen bleiben, auf Dauer geht das dann nicht. Es kommt vor, aber es gibt ganz wenige ... die Frauen, die von hier kommen, scheitern, schaffen das nicht ... die brauchen ganz viel ... alleine schon, wie wickle ich mein Kind, was braucht mein Kind, also diese ganzen Bedürfnisgeschichten, weil sie selber ja häufig auch nicht gut versorgt sind, die haben überhaupt kein Gefühl dafür, können das überhaupt nicht einschätzen ... die bräuchten ganz viel Begleitung ... in der Regel ist das ganz schwierig, aber hin und wieder haben wir schon mitbekommen, dass eine das schafft mit dem Kind, aber es gibt auch Rückschläge ... eine zum Beispiel, die war alleine mit dem Kind ... es ist ja auch eine große Herausforderung, weil die Freunde dann doch nicht mehr da sind ... jede Frau, auch die sich ein Kind wünscht, ist in der Regel überfordert, wenn nicht irgendein soziales Netz, Familie oder Freunde da dran hängen ... und die ist auch rückfällig geworden im Drogengebrauch ... so eine Suchterkrankung ist ja wirklich ein ständiges Auf und Ab.«

Babsi war zum Zeitpunkt der Geburt zwar alt genug, um das Kind behalten zu dürfen, schaffte es aber in der damaligen Situation nicht, sich und ihr Kind zu versorgen: **»Ich hab ein Kind, das bei einer Pflegefamilie, jetzt Adoptivfamilie aufwächst. Ich hab damals Pflegeeltern ausgsucht ... ich wollt schon ein Kind, aber ich habs relativ schnell aufgeben ... meine Eltern wollten ihn damals sogar eine Zeit lang zu sich nehmen, aber dadurch, dass sie selber mit den anderen zwei Kindern noch belastet sind ... meine Mutter dann auch noch einen Bandscheibenvorfall gekriegt hat und so is das alles zsammgfallen ...**

er is eben von dem ersten Freund von mir, aber der is gstorben, wie ich schwanger war ... der hat sich dann eine Überdosis geben ... der Kleine war ein Jahr bei mir ... das war irgendwie so die Umkrempelung, da hab ich mir dann dacht ›Wow, meines und ghört mir‹ ... und ur lieb und so ... das is ein Jahr lang gut gangen und dann wars mir zu viel ... das is am Anfang mein Ein und Alles gwesen ... beschützen und immer neue Sachen und jeden Tag neues Spielzeug und Gwand ... also so lang er bei mir war, hat er glebt wie Gott in Frankreich der Kleine ... nach einer Zeit hab ich mir das dann alles nicht mehr leisten können ... grad vielleicht auch deshalb weil ich ihn so verwöhnt hab und dann auch noch meine Sachen finanzieren, die Wohnung, Miete, Strom alles ... da war ich während der Schwangerschaft zwar clean, aber wie er auf der Welt war, hab ich wieder angfangen und das is mir dann alles über den Kopf gwachsen ... im Endeffekt bin ich dann zum Jugendamt gangen und hab gfragt, was ich machen kann ... die haben mir dann vier verschiedene Pflegefamilien geben ... ich hab mit denen allen dann ein Gespräch ghabt, und hab mir dann zwei ausgsucht, in der engeren Auswahl ... er war dann eine Woche bei der einen Familie, dann hab ich mich doch anders entschieden, weil mir die nicht getaugt haben ... bei den anderen is er dann länger gwesen und die haben mich dann gfragt, wegen den Alimenten, die ich dann zahlen müsste, ob sie ihn nicht adoptieren sollten ... ob wir das nicht privat, ohne Jugendamt regeln, dass ich ihn besuchen kann ... weil da erspar ich mir die Kosten und kann ihn aber trotzdem besuchen ... die Pflegemutter is recht eine coole, die stört das nicht ... so haben wir das dann eben gmacht, dass ich ihn zur Adoption freigeben hab und dass sie mich trotzdem kommen lasst ... momentan ruf ich nur an, weils relativ weit weg is, weil die wohnen in einem Dorf draußen, also momentan eher telefonisch.«

Mercedes war zum Zeitpunkt der Geburt minderjährig und ihr Vater entschied, das Kind zur Adoption freizugeben. Für sie war die eigenmächtige Entscheidung ihres Vaters und die

Tatsache, dass sie von ihrem damaligen Freund im Stich gelassen wurde, eine der schlimmsten Enttäuschungen in ihren Leben: **»Mein ExExFreund, also meine erste richtig große Liebe, von ihm hab ich auch ein Kind ... aber das is leider weg, also zur Adoption frei ... also ich habs nicht hergeben, mein Vater hat unterschrieben damals, weil ich 15 ... minderjährig war. Ich wollts eigentlich zu Pflegeeltern, aber leider hat mein Vater gsagt, Adoption, ich war damals minderjährig, also hab ich nicht entscheiden dürfen ... damals war ich schwanger wie ich in Haft war ... ich habs überhaupt nicht packt, weil sie hat mir schon den Termin gsagt von der Geburt, ich war schon im fünften Monat ... voll der Schock, am Anfang hab ich nicht gwusst, wo vorn und hinten is und dann hat mein Vater gsagt, er hilft mir und meine Oma auch ... nach der Haft bin ich dann heim kommen und er hat mir verboten, zum Alex Kontakt aufzunehmen, aber ich habs einfach nicht ausghalten, ich hab ihn angrufen ... na und dann bin ich von daheim wegglaufen ... die Wehen haben grad eingsetzt, da war ich zu Hause und es is die Rettung kommen und hat mich ins Spital gführt. Die Geburt war das schönste Gefühl der Welt ... ich hab neun Monate ein Baby ghabt und wies auf die Welt kommen is und wie sies mir in die Hand geben haben ... das war für mich ... dass du so ein Geschöpf auf die Welt bringst, das is ein Wahnsinn ... leider, mein Fehler war, dass ich gsagt hab, dass ich drauf bin, aber vielleicht auch Gott sei Dank, weil er hat wenig Entzugserscheinungen ghabt, aber sonst is er gsund ... mein Freund hätt dabei sein sollen, der Arzt hat ihn sogar angrufen, aber er is nicht kommen ... er is am nächsten Tag kommen mitn Heroin, hat glaubt es passt alles, wenn er mir ein Zeug bringt nach der Geburt ... er wollt das Kind nicht, erst wie er im Sterben lag, weil er AIDS ghabt hat ... ja, er wird gsund und wir versuchen das Kind zurückzuholen, da wars eh schon zu spät ... und es is in einer guten Familie was ich so ghört hab ... Fotos hab ich auch.«**

Janina war 16 Jahre alt als sie erfuhr, von ihrem damaligen Freund schwanger zu sein. Nachdem sie ihr Kind verloren hatte, wollte sie nicht mehr leben und es folgten gezielte Selbstmordversuche durch Drogen: **»Hab mich halt irrsinnig gfreut, dass ich ein Kind krieg und dann bin ich an einem Tag aufs Klo gangen und da is so ein skelettförmiges rotes Ding rauskommen und da hab ich gwusst, es is tot. Ich wollt einfach eine Familie haben, glücklich sein und ich habs nicht gschafft, dass ich es so hinkrieg ... ich hab mein ganzes Leben nicht mehr unter Kontrolle ghabt ... und dann hat die erste Überdosis angfangen und dann is es so weiter gangen ... Drogen, Alkohol, Strich.«**

Nicole hat ein Kind, das von einem Freier war, und ein anderes Kind – aus Angst, ihren damaligen Freund zu verlieren – abgetrieben. **»... da denkst dir auch, du bist so jung ... das erste Mal war ich mit 15 schwanger ... eben wo ich dann abtreiben lassen hab ... hab ich mir dacht ›Na, mit 15 brauch ich kein Kind‹... na ja und wollen ... jetzt mit 16 ... eigentlich auch nicht wirklich ... da hätt ich gwusst, dass mein Freund dann deswegen auch Schluss macht.«**

Rita wurde mit 14 Jahren von einem Bekannten schwanger. Auch für sie stand fest, dass sie das Kind nicht behalten konnte: **»Voriges Jahr ... voriges Jahr hab ichs bekommen. Im AKH. Ich hab einen Schock ghabt, ich hab nicht gwusst, wie ich mit dem umgehen soll ... na sicher kann ich es nicht behalten, das war klar, dass ich es nicht behalten kann ... ich war genau zur Geburt da und dann bin ich wieder gangen ... das heißt ich war dann weg. Das Kind is auch in irgendeinem Krisenzentrum ... Heim ... SOS Kinderdorf.«**

Carina bekam ihre Tochter als sie 24 Jahre alt war. Sie hat auch heute noch Kontakt zu dem Kind, das derzeit bei ihrer Mutter lebt. Carina wünscht sich, dass ihre Tochter in Zukunft bei ihr leben wird: **»Ja da war ich im Gfängnis und da** hatt ich Ausgang und ich hab dort einen Typen kennen glernt, das war der totale Häfntyp, zehn Jahre schon hinter sich, ich hatt aber grad einen Tablettenentzug hinter mir, den hab ich machen müssen ... der war so ein schrecklicher Mensch und ich bin so manipulierbar durch den Benzoentzug ... da weiß man gar nicht, ob die Wahrnehmungen jetzt stimmen ... und im Nachhinein bin ich erst draufkommen was das für ein blöder Orsch is, der hat mich eben gschwängert bei einem Ausgang ... ich war schon zusammen mit ihm wie ich dort war, zwei Monate oder so aber da war er dann schon draußen ... und wie er gwusst hat, dass ich nicht abtreiben will, hat er sich nicht mehr grührt ... is untertaucht ... und jetzt macht er aber eine Vaterabstandsklage, also er steht nicht zum Kind, aber ich will die Alimente einfordern und jetzt kommt das vor Gericht und so weiter ... aber ich weiß, dass er der Vater is, also werd ich die Alimente auch bekommen. Wie ich von der Schwangerschaft erfahren hab, war ich irgendwie glücklich, von Anfang an eigentlich glücklich und dann hab ich überlegt, ob ich vielleicht doch abtreib und dann hab ich das erste Ultraschallbild gsehen und den Punkt und der Arzt, der hat mir auch eingredet ich solls behalten, weils für mich auch vielleicht eine Motivation ist, von den Drogen wegzukommen und da wars für mich klar, ich kann nicht mehr abtreiben, ich wills behalten. Ich hab momentan wenig Kontakt, weil meine Kleine jetzt bei meiner Mutter is und bis auf weiters dort bleibt ... bis ich mal von den Langsamen und den Substitutionsmitteln runter bin ... weil das darf man auf keinen Fall nehmen wenn man eine Kleine hat ... also im Subsitutionsprogramm darf man sein, aber keine Langsamen, weil da kann man einschlafen und das Kind kann runterfallen und das wird jetzt noch länger dauern bis ich von denen runter bin, von den Langsamen ... die Langsamen weiß ich eh, sind eben total schädlich für das Kind auch, während der Schwangerschaft hab ich auch keine gnommen außer zweimal Rückfälle, wo ich aber gleich in eine Klinik gangen bin und wieder gleich entzogen ... das war leider der ur Stress fürs Baby ... dadurch is sie jetzt auch sehr ... ein Schreibaby gworden und

durch den Entzug, weil die Kleine einen Entzug einen vierwöchigen hat machen müssen klarerweise ... jetzt wo sie so klein is und so schwierig, hätt ich eh gar nicht die Kraft, dass sie bei uns is ... die Wohnung is auch viel zu klein, aber später mal, ja ... jetzt fahr ich jeden zweiten Tag zu meiner Tochter raus und das is eine dreiviertel Stunde ... überhaupt mein ganzes Leben, der Rhythmus, der Alltag is jetzt ganz anders, dadurch dass ich immer hin und her fahren muss zu ihr und wieder her ... und die Liebe zu ihr und mehr Kontakt zu meiner Mutter ... früher sind wir einmal in der Woche zu ihr und jetzt seh ich sie öfters und überhaupt mitn Kind, das is natürlich für jede Mutter ... also nicht nur für mich ... klar, dass sich viel ändert.«

Stella wurde mit 15 Jahren von einem Freier schwanger und brachte das Kind auf die Welt: **»Ich hab mich schon gfreut, ich hab keine einzige Sekunde dran dacht, dass ich abtreiben geh, weil ich mir dacht hab, das is mein Kind, und das Kind kann nix dafür und ich will, dass das Kind lebt ... ich hab gwusst, dass ich weiter anschaffen gehen muss, aber ich hab mir vorgnommen, auch wenn ich dann nix zum Essen oder kein Gwand hab, mein Kind wird alles von mir haben ... hinter meinem Rücken is dann entschieden worden, dass es bei den Pflegeeltern aufwachsen wird ... das hat mir schon wehtan ... sie is ja gleich, einen Tag bevor ich entlassen worden bin, is sie von den Pflegeeltern gholt worden ... da hab ich nicht mitreden können weil wenn man minderjährig is, kann man nix sagen bei den Ämtern ... es fällt mir auch schwer, sie zu besuchen, weil die Pflegeeltern sie dann wieder mitnehmen und ich kann sie nicht mitnehmen und da tut mir einfach das Herz weh ... weils mein eigenes Kind is, also es is nicht leicht für mich ... ich werd ihr schon sagen wer sie is, von wo sie kommt, dass ich ihre Mutter bin und sie kann auch ... und wenn sie 14 is, kann sie sich ja aussuchen wo sie wohnt und auch zu mir ziehen ... also ich werd sicher nicht sagen ›Nein, du darfst nicht bei mir wohnen.‹ «**

Sarah wurde mit 13 Jahren von ihrem damals 31-jährigen Freund schwanger. Durch die Schwangerschaft schaffte sie den Absprung von den Drogen und konsumiert heute nur noch selten: **»Von einem Ex Freund von mir ... der war auch mit mir zsamm, nur durch den ganzen Stress, weil wir den Kleinen dann ... er durft ihn überhaupt nicht ... weil wir keine Vaterschaftsanerkennungen machen haben können bei ihm ... weil er eben sonst ins Gfängnis gangen wär. Das erste was ich mir dacht hab war ›Um Gottes willen, bitte mach, dass sie ihn mir nicht wegnehmen‹ ... es war sicher nicht geplant, aber gewollt hab ich ihn schon ... ich wollt jetzt nicht unbedingt ein Kind haben, aber Abtreibung wär für mich nicht in Frage kommen ... ich bin jetzt kein Abtreibungsgegner, aber mich hätte das umbracht ... dann hab ich aufghört, wie ich erfahren hab, dass ich schwanger bin ... da war ich im zweiten Monat, also ich hab nicht sofort aufghört, sondern hab damals Mundidol nicht Substitol ... das hab ich mir immer aufgstellt von den Schwarzen, den Halbstarken ... und hab mich halt ganz schnell, also wirklich jede Woche, alle fünf Tage eigentlich einen Schritt runter, sodass ich nach zwei Monaten auf null war ... also das war unter geringen Schmerzen, dass ich dem Lukas nicht schade, ich hätts eigentlich kalt machen wollen, aber dann hab ich ghört, dass ich den Kleinen damit umbringen kann und das wollt ich nicht ... deswegen hab ich mich ganz langsam runterdosiert und er hat überhaupt keinen Schaden davontragen ... ich hab zwar dann in der Schwangerschaft ein bisschen weitermachen müssen[46], aber doch aufpasst, weil ich totale Angst ghabt hab, dass ich ihn verlier ... einfach weil ich ein bissl Geld sparen wollt für den Eventualfall, was ich dann auch wirklich braucht hab ... die ersten zwei Monate waren hart ... meine Mutter hat ja für mich die Alimente und die Familienbeihilfe kriegt und das Geld fürn Lukas ... wie ich bei ihr gwohnt hab, hat sie sogar Pflegegeld kriegt, also nicht Pflegegeld als Pflegemutter sondern eher so, dass sie ihn pflegt ... und staatlich be-**

46 mit der Prostitution

vorschusste Alimente für ihn hab auch nicht ich, sondern sie bekommen, sie hat aber nix zahlt ... ich hab Windeln und alles selber kaufen müssen ... ich hab nicht lang gstillt, ich hab zuviel Milch ghabt und hab dann auch noch eine Brustentzündung bekommen und da hat kein Abpumpen mehr gholfen sondern nur mehr Abstillen ... eigentlich wohnt er bei mir, is aber oft bei seiner Oma ... ich mag sie zwar nicht, aber zu ihm is sie anders als zu mir und ich wollt ihn nicht so rausreißen ... das erste Mal wie er zu mir kommen is, hat er einen Nervenzusammenbruch ghabt, ich hab ihn dann in die Psychiatrie bracht, also die Rettung grufen weil er so auszuckt is ... dann war er zwei Wochen in der Psychiatrie und danach ist er direkt zu mir kommen ... und am selben Abend hab ich ihn dann zu meiner Mutter bracht und hab gsagt, wenn sie will, dass er bei ihr is, dann is es für ihn am besten, dann soll sie sich nicht trauen, irgendwas zu hussen ... ich hab mir dacht ich probiers, aber ... nein, das mach ich nicht, dass ich ihn wieder weg bring für drei Tage von ihr ... es wär schlimmer gwesen, wenn er die ganze Zeit zwischen uns steht ... aber wenn sie husst ... das is eben das, was soll ich dann sagen ... ›Ja, die Oma hat Recht, wenn sie sagt, ich bin eine schlechte Mutter und ich hab dich gar nicht lieb‹? ... oder soll ich sagen ›Nein, die Frau, bei der du dein Leben lang gwohnt hast, die immer die Wahrheit sagt, die gar nicht lügen kann, das große Vorbild, die belügt dich‹? Was soll man machen in der Situation? Also hab ich einfach gsagt ›Lukas überleg dir selber was es is, denk selber drüber nach, was glaubst du?‹ Zuerst hat sie gsagt, das is nicht gut für ihn, dann hat sie halt gmerkt, dass ich es ernst mein und hat aufghört damit ... so kleine Sticheleien gibt es immer noch, aber darüber kann man hinwegsehen ... dass einzige was ich schrecklich find, wenn sie sich dann plötzlich einbildet sie muss ihn zu meinen Großeltern bringen ... ohne dass sie mich informiert darüber, was ich schrecklich find, weil mein Großvater is gstört.«

Andrea, die schon Fehlgeburten und Abtreibungen erlebt hat, wünscht sich nochmals ein Kind zu bekommen, das dann bei ihr aufwächst, doch sie geht davon aus, dass sich dieser Wunsch nicht erfüllen wird: »... **ich kann keine Kinder mehr kriegen ... Gebärmutterverengung und HIV ... ich hab eine Gebärmutterentzündung, eine eitrige ... das Kondom is geplatzt und da ist ein Stück drinnen blieben ... mit der Pinzette hats mir das rausgholt das Stück.**«

8. Tipps und Ratschläge für den alltäglichen Überlebenskampf

Sexuelle Dienstleistungen mit einem geringen Grad an Professionalisierung auf dem Strich anzubieten, birgt eine Vielzahl von Gefahren. Neben dem Risiko, sich mit Infektions- und Geschlechtskrankheiten anzustecken, besteht auch die Gefahr, von Freiern zu nicht im Vorhinein abgesprochenen Sexualpraktiken genötigt zu werden. Dass die Bezahlung von den Freiern nach erfolgter sexueller Dienstleitung unter Umständen verweigert wird, gehört ebenso zur Realität der Mädchen. Um potentiellen Gefährdungen – wie beispielsweise dem Festgehaltenwerden im Auto sowie der Bedrohung mit einer Waffe und Erpressungen – vorzubeugen, haben die jungen Frauen spezielle Strategien entwickelt.
Janina berichtet, wie sie sich schützt: »**Als erstes drauf achten wo man einsteigt und überhaupt gar nicht mal hingehen von Anfang an ... wenn, dann halt irrsinnig aufpassen und mit Begleitung hingehen, der was dann Autonummern aufschreibt und so ... das hab ich auch öfters ghabt, dass ich Leute mitgnommen hab, die die Autonummern aufgschrieben haben ... ich hab immer einen Pfefferspray dabei.**« Für Rita sind ähnliche Vorsichtsmaßnahmen wichtig: »**... immer einen zweiten dabei haben, Kennzeichen merken, Auto merken.**« Jenny weist darauf hin, dass man bei der Wahl der Freier Acht geben muss: »**... nicht bei jedem einsteigen, wenn dir wer komisch vorkommt.**«
Einige Mädchen betonen, dass man immer Kondome benutzen muss. Wie etwa Sarah, für die auch die Wahrung der Distanz zu den Freiern im Mittelpunkt steht: »**... nie ohne Gummi, nicht küssen, nicht zu nahe kommen lassen, Privates nicht zulassen ... Freier verlieben sich sehr schnell in Mädls.**«
Mercedes nennt ihre Schutzvorkehrungen: »**... bei GV immer mit Gummi, bei Französisch am besten auch gleich ... bei kei-**

nem Ausländer einsteigen, Preise vorher abklären, Geld vorher verlangen.« Auch für Carina stellen ausländische Freier ein Risiko dar: »**... nicht mit Ausländern, die schlagen, sind brutal ... nur mit sauberen, gepflegten Leuten ... regelmäßig ärztlich kontrollieren lassen.«**

Für Nicole und Stella ist der Ort der Prostitutionsausübung von Bedeutung. Stella rät zu folgenden Vorsichtsmaßnahmen: »**... immer auf deine Plätze fahren, immer müssen Leute in Reichweite sein, keine Schals im Winter tragen wegen Erwürgen ... immer Tür offen lassen, dass man raus kann.«** Nicole erwähnt die Gefahr, um den Verdienst betrogen zu werden: »**... nicht mit Freiern weit wegfahren, sollte dich immer wer hören und sehen können, Kondome benutzen, immer zuerst das Geld nehmen.«**

Die Tipps und Ratschläge der Mädchen und jungen Frauen machen deutlich, wie sehr sie sich der Gefahren auf dem Strich bewusst sind. Bemerkenswert ist, welche Strategien – wenn auch notgedrungen – sie gefunden haben, um sich zu schützen.

II. DAS LEBEN VOR DEM STRICH

BABSI, 23

»Ich bin eigentlich bei meiner Mutter aufgwachsen, weil meine Eltern sich scheiden lassen haben, da war ich ein Jahr alt. Und ich hab dann einen Stiefvater kriegt relativ früh ... ein paar Monate nach der Scheidung ... mit dem hab ich mich relativ wenig verstanden ehrlich gsagt ... und das noch Schlimmere is, dass meine Stiefmutter noch viel schlimmer war als mein Stiefvater ... mein Vater hat nämlich auch wieder gheiratet ... im Endeffekt hab ich dann bei meiner Mutter gwohnt und die hat dann noch zwei Gschwister für mich gmacht und mein Vater auch und jetzt hab ich vier Brüder ... eigentlich eine viel zu große Familie, dass du irgendwie genug Aufmerksamkeit kriegen könntest ... zu viele Leute ... ich hab meinen Vater nur alle 14 Tage einmal gsehen. Eigentlich war es relativ gut ... meine Mutter war damals Büroangestellte ... mein Stiefvater arbeitet für ein Taxiunternehmen ... meine Mutter hat zwar eine Zeit lang nicht garbeitet, aber mein Vater ... also mein Stiefvater in dem Fall, hat relativ gut verdient ... also von dem her war es nicht so schlimm ... wir haben schon genug Geld ghabt ... so übermäßig wie ein Einzelkind is es halt zu dritt dann doch nicht. Meine Mutter is ein Sturschädel ... alles was sie will, muss gmacht werden ... das is einmal ihre Haupteigenschaft ... mein Stiefvater is net viel anders ... er redet zwar weniger, aber wenn er den Mund aufmacht, dann muss das halt dann sein ... da sind sie beide der gleichen Ansicht ... ziemlich egoistisch sind sie ... egal wo wir Kinder hinwollten ... auch wenn wir zu dritt der gleichen Meinung waren, wollten die Eltern immer was anderes ... wenn wir fortgehen wollten ›Nein, ihr

müssts daheim bleiben und zuerst Staubsaugen und aufwaschen‹ und lauter so Scheiß halt ... Hausarbeit machen ... und wir sind halt dauernd zu irgendwelchen Sachen vergattert worden, die sie sich einbildet haben ... aber das is glaub ich eh normal in der Familie. Es war schon relativ streng ... dadurch, dass wir dauernd daheim sitzen haben müssen und jede Freundin, jeder Freund zuerst abgstoppt hat werden müssen, bevor wir mit dem fortgehen haben dürfen ... ziemlich kontrolliert worden.«

Babsi riss in der Jugend auch manchmal aus, wenn ihr die Situation zu Hause zu viel wurde. **»Das erste Mal war ich glaub ich 13 und das is dann immer weiter gangen. Meistens drei, vier Tage, maximal eine Woche ... aber net wirklich lang. Etliche Male hat mich meine Mutter sicher drei, vier Mal mit der Polizei suchen lassen ... immer wieder bin ich abghaut und hab bei irgendwelchen Freunden dann übernachtet ... ewiger Hausarrest und eingsperrt sein ... ich bin so ein Freigeist ... ich wollt immer fortgehen und immer Spaß und Action ... genau das hat meinen Eltern nicht passt ... das war hauptsächlich der Grund, weil sie mich dauernd einsperren wollten ... ich glaub, die sind einfach selber so erzogen worden ... nie fortgehen dürfen und so ... die sind schon von klein auf als Hausmütterchen und so ... die wollten, dass ich eine Hausfrau werd ... ich weiß zwar nicht wie mein Vater das gmacht hat, aber er hat mich dann meistens gfunden ... wenn ich abghaut bin, hat meine Mutter dann immer meinen Vater angrufen und der hat wie auch immer mich gfunden ... jedes Mal.«**

Die Beziehung der einzelnen Familienmitglieder und ihrer neuen PartnerInnen untereinander war ihrer Ansicht nach gut. **»Also meine Eltern verstehen sich gut ... also meine Stiefeltern untereinander auch ... meine Stiefeltern und meine richtigen Eltern hauen sich zu viert auf ein Packl und verstehen sich alle ... ich und meine Gschwister wir haben uns damals überhaupt nicht verstanden ... wir waren zwar hin und wieder einer Meinung, aber meistens halt normale Geschwisterrivalität ... wie es halt bei allen is ... auch nicht übermäßig.«**

Babsi besuchte zwei Jahre lang die Hauptschule und machte in dieser Zeit – typisch für die Pubertät – Krisen durch. **»Das einzige was war, in der Hauptschule ... das war so zwei Jahre ... eben diese normale Zeit ... Pickel sprießen und du bist furchtbar ... und da war ich eher der ur Außenseiter ... das war die einzige Zeit, wo ich nicht ganz normal war ... da hab ich mich vergraben, ewig schwarz anzogen ... da wollt ich auch allein sein ... was hab ich davon, wenn mich die anderen deppert hänseln oder fette Kuh schreien ... so was brauch ich alles nicht ... hab ständig Schwarz tragen und hab mich echt dann auch freiwillig daheim versteckt ... wollt nicht mehr raus gehen. hab mir dacht, kann mich eh keiner leiden, bin eh so schirch und abnormal und so ... da hab ich bissl eine Krise ghabt, aber das hab ich dann auch abglegt ... weil ich mir dacht hab ›Scheiß auf die andern‹ ... ich hab eine Zeit lang auch herumgritzt ... das hab ich dann relativ schnell aufgeben.«**

Im Anschluss daran machte sie eine Frisörlehre, die sie aber nicht abschloss. Sie erinnert sich nur ungern an die Zeit in der Lehre zurück. **»Mein Chef war ein Deutscher und der war extrem bescheuert ... ein depperter Typ ... da sollt man glauben, dass man damals eigentlich schon lange von diesen Prügelstrafen abkommen is, aber der hat mir ständig mit dem Plastiklineal auf die Haxen ghaut ... und ›Steh grad‹ und ›Mach das und das‹ ... also echt abnormal ... ja, nicht ganz normal im Kopf, aber ansonsten ... war das auch wieder normal.«**

In dieser Zeit begann Babsi auch Drogen zu konsumieren. **»Na, das war wie ich meinen Freund kennen glernt hab ... da war ich schon in der Lehre, da war die Phase schon wieder vorbei ... das waren die Drogen ... das erste Mal, wie ich harte Drogen probiert hab ... die hat mir er geben ... also eigentlich fast so gar aufdrängt, weil für mich war das ... rauchen war okay ... er hat halt alles andre auch gmacht und im Endeffekt hab ichs dann auch probiert ... bin dann sogar eine Zeit lang drauf hängen blieben ... also das hat mir alles zsammghaut ... wie das angfangen hat ... das war auch der Grund, warum ich die Lehre vorher gschmissen hab ... ich Vogel.«**

MERCEDES, 23

Mercedes wurde in Polen geboren und kam als Zweijährige mir ihrer um ein Jahr jüngeren Schwester und ihren Eltern nach Wien. Sie wuchs zusammen mit ihrer Familie in guten finanziellen Verhältnissen in einer Eigentumswohnung im 3. Bezirk auf. Ihre Mutter arbeitete damals als Kellnerin während ihr Vater nicht arbeiten ging und die meiste Zeit trank. Mercedes glaubt aber rückblickend, dass ihr Vater, obwohl er offiziell arbeitslos gemeldet war, in korrupte Geschäfte verwickelt war. **»Also ich hab gwusst Oida, dass was machen ... weil sie[47] sind immer nach Polen zum Beispiel mim Auto gfahren, oft ... ja, und immer solche Autos aus Amerika nach Wien transportieren lassen ... ich hab einmal, also mehrmals mitkriegt, dass er Geld bunkert in die Autos und lauter so Sachen.«**

Ihr Vater verprügelte Mercedes und ihre Schwester auch häufig im Rausch. Ihre Mutter versuchte sie dann immer zu beschützen. Gemeinsame Urlaube fanden zu dieser Zeit noch statt, wie z.B. die regelmäßigen Besuche bei der Großmutter in Polen oder Auto-Reisen nach Frankreich, an die Mercedes gerne zurückdenkt. **»... was ich mich erinnern kann, wars schon ... so wie es sein sollt in einer Familie.«**

Als Mercedes in der ersten Klasse Volksschule war, verstarb ihre Mutter an Brustkrebs. Die damals Siebenjährige konnte den Verlust der Mutter zu diesem Zeitpunkt noch nicht verstehen. Erst ein Jahr darauf, als ihr Vater erneut eine Polin heiratete, realisierte sie den Tod der leiblichen Mutter **»... dann wars schon org, dann hat sie mir gfehlt, weil die[48] hat sich nicht wie eine Mutter ... sie war einfach nicht wie eine Mutter zu uns, sie war schrecklich ... ich habs nicht packt mit der, sie**

47 Ihr Vater und ihre spätere Stiefmutter
48 Die Stiefmutter

hat sich nicht verhalten wie eine Mutter, sie war wie eine Stiefmutter zu uns.«
In den ersten drei Jahren verstanden sich die Kinder und die Stiefmutter gut. **»Am Anfang war sie total nett ... also wir haben immer saubere Kleidung ghabt, wir haben immer Essen am Tisch ghabt, alles und dann weiß ich nicht, warum ... ich kann mich nur mehr erinnern, umso älter ich wurde, umso ärger is es worden ... ich hab immer das anziehen müssen, was meine Stiefmutter gsagt hat, zum Beispiel in die Schule schwarzen Rock mit weißer Bluse wie in einem Internat ... also sie wollt mich richtig bloßstellen ... ich hab immer lange Haare ghabt, hat sie gsagt ›Abschneiden!‹ ... und ich habs müssen.«**
Als Mercedes zehn Jahre alt war, begannen die ersten gröberen Auseinandersetzungen. **»... die hat uns Strafen geben, die hat uns behandelt wie den letzten Dreck, zum Beispiel die Küche zugsperrt, keine Süßigkeiten hamma kriegt oder wir haben immer lernen müssen und ja ... nachdem mein Vater immer weg war auf Gschäftsreise, hat sie uns immer verpetzt, irgendwas erzählt, wir haben immer irgendwelche Strafen kriegt, um sechs Uhr aufstehen und tausendmal schreiben ›Ich werde nie wieder meine Mutter schimpfen‹ ... lauter solche Sachen oder er hat am Boden Bleistifte hinglegt und wir haben uns hinknien müssen und wenn wir die Hände runtertun wollten is er mim Gürtel daneben gstanden.«** Das Verhältnis zwischen der Stiefmutter und Mercedes' Vater war häufig gespannt, wie sie berichtet. **»Er war nicht oft daheim ... er hat sie betrogen und das hat sie gwusst ... er hat oft trunken, hat sie auch oft gschlagen und uns überhaupt.«**
Auch die Beziehung zwischen den Kindern und dem Vater war die meiste Zeit von Konflikten geprägt, wobei sich Mercedes an eine Situation erinnert, die sie als sehr positiv in Erinnerung hat. **»... wie meine Stiefmutter im Krankenhaus war und wir warn alleine mit meinem Vater, ich mein, er war angsoffen aber er war total leiwand, wir sind mit ihm einkaufen gangen, es hat alles passt, wie sie nicht da war, kaum war sie da ... Horror ... er hat dann nix mehr ... er hat sich von uns dann**

... ja, sie hat uns dann gsagt was wir machen, er hat dann nicht mehr auf uns gschaut, er hat so tan, als wär er nicht unser Vater .... also sie war beides für uns ... Mutter und Vater ... er hat auf uns überhaupt net gschaut ... net umarmt, net gholfen bei den Schularbeiten, nur gschlagen und Strafen geben, er hat sich einfach von ihr ... er hat auf sie ghört ... das was sie gsagt hat, das hat er gmacht.«

Als Mercedes 13 Jahre alt war, lief sie nach einem Krach mit den Eltern zum ersten Mal von zu Hause weg. **»Ich hab einfach keinen kannt, ich bin einfach raus gangen ... bin spazieren gangen, weil ich nicht gwusst hab, wohin ... ich hab nicht gwusst, was ich mach ... bin dann wieder zrück nach Hause gangen, weil wies dann dunkel worden is, hab ich Angst ghabt.«** Ihr Vater schlug sie und ihre Schwester daraufhin so stark, dass es die Lehrerin in der Schule bemerkte und das Jugendamt verständigte. Mercedes wurde kurz darauf in einem Heim untergebracht und ihre jüngere Schwester ebenfalls. Der Vater bestand darauf, dass die Mädchen in unterschiedliche Heime kamen. Mercedes blieb die nächsten eineinhalb Jahre dort bis sie den Heimplatz verlor. An den Aufenthalt dort erinnert sich Mercedes nur ungern. **»... wie ich dann ins Heim kommen bin, das war für mich ein Horror, da haben mich die Mädls total unter Druck gsetzt, gschlagen immer.«** Sie machte dort auch ihre ersten Erfahrungen mit Drogen. **»... und dann hab ich angfangen ... durch ein Mädl, die hat mich in die Szene reinbracht, mit der hab ich dann angfangen mit Speed und Ecstasy und so und dann hab ich dort ein Mädl kennen glernt, die war drauf auf Heroin, am Schottenring, damals hams dort verkauft ... hab halt immer mehr Leute kennen glernt, hab angfangen zum lernen, mich durchzusetzen und alles Mögliche, dann hat sich der Spieß einfach umdreht ... da hat mich nie irgendwer mehr gschlagen ... also ich habs immer verbal gmacht, also ich hab nie grauft oder so ... aber am Anfang wars schrecklich für mich, da hab ich nur giftlt und war eben nie dort[49], weil ich Angst ghabt hab.«** Im Nachhinein

49 Im Heim

stellt Mercedes fest, dass die Verhältnisse im Heim grundsätzlich in Ordnung waren. »**... wenn ich nicht drauf wär, wärs sicher super gwesen, also wennsd arbeiten gangen bist oder in die Schule, hast alles kriegt, Taschengeld, Gwandgeld, alles Mögliche ... bei mir wars immer so, wenn ich halt vom Fortgehen nach Hause kommen bin, habens die Küche zugsperrt oder wenn ich bis zwölf, eins gschlafen hab, sind die Erzieher reinkommen und haben mir einen Kübel Wasser übern Kopf gleert damit ich aufwach und lauter so Sachen oder in der Nacht habens mich nicht reinglassen ins Heim, da hab ich dann draußen gschlafen ... das war ... das is ein riesengroßes Heim, weißt eh mit Sportplatz und Bänken, da hab ich auf den Bänken gschlafen im Sommer weils mich nicht eineglassen haben und lauter so Sachen.**«

Während dieser Zeit im Heim versuchte Mercedes einmal Kontakt zu ihrem Vater aufzunehmen und musste dabei eine Erfahrung machen, die sie bis heute als eine der größten Enttäuschungen in ihrem Leben bezeichnet. »**... da wollt ich zufällig mal durchs Jugendamt an meinen Vater rankommen und sie sagt, der is schon seit einem Jahr in Polen ... der hat uns gar nicht gsagt, dass er nach Polen ...**«

Kurz darauf wurde Mercedes des Heimes verwiesen und verbrachte die nächsten zwei Jahre auf der Straße, da ihr Vater sie nicht mehr aufnehmen wollte. »**Die haben bei meinem Vater angrufen, aber meine Stiefmutter hat abghoben und die Erzieherin hat gsagt ›Ja, ja vom Heim ruf ma an, wegen der Mercedes‹ ... und meine Stiefmutter hat gsagt, dass mein Vater nicht daheim is und die Erzieherin hat halt gsagt, dass ich ausziehen muss und ob ich nach Haus ziehen darf, und die Stiefmutter hat gsagt es geht net, weil jetzt kommt das zweite Kind, also Stiefbruder und sie wollen mich nicht, weil ich mich nicht an die Regeln halt. Und so hams trotzdem gsagt, ich muss raus und ja ... und so hab ich eineinhalb, zwei Jahre auf der Straße glebt ... ja. Da hab ich auf die WCs gschlafen oder in die Stiegenhäuser, weil mein Vater hat mich nicht aufgnommen.**«

Dieses Erlebnis kränkte sie so sehr, dass sie es selbst als möglichen Grund für ihr immer tieferes Abrutschen verantwortlich macht. Denn kurz danach begann sie Heroin zu konsumieren. »**... weil ich eben ein Mädl kennen glernt hab, die war schon auf Heroin drauf, die hat mir das zeigt, sie hat gsagt, willst mal rauchen ... und ich war total wach von dem, beim ersten Mal vom Folienrauchen ... ich war dann mit ihr immer unterwegs ... sie war schon jahrelang auf Heroin drauf, das hab ich aber nicht gwusst, erst später, sie hat halt immer Heroin ghabt und hat mich immer mitrauchen lassen ... und dann bin ich süchtig worden, dann hab ichs einmal gfragt, von wo sie das Geld hat und sie hat gsagt, na sie zeigt mir das, dann hat sie mir den Strich zeigt im Zweiten.**«

CARINA, 25

Carina wurde in Wien geboren und wuchs in Niederösterreich bei ihren leiblichen Eltern auf. **»Ich bin normal bei meiner Mutter und meinem Vater aufgwachsen, mein Vater war Pensionist, er war schon älter ... er war früher Direktor und meine Mutter hat ihn dort kennen glernt, die war ein bissl jünger als er ... ich bin aber normal aufgwachsen, das Einzige was nicht normal war, is, dass mein Vater zu Haus war, weil er eben schon Pensionist war ... meine Schwester is zwei Jahre älter als ich und wir hatten eine schöne Kindheit. Wir waren wohlhabend, weil dadurch, dass mein Vater eben Direktor war, hat er eine großzügige Pension bekommen.«**

Das Familienklima beschreibt Carina als sehr harmonisch und die Erziehung der Eltern war aus ihrer Sicht locker und nicht autoritär. Sie erzählt, dass sich alle in ihrer Familie gut verstanden haben. Als einen entscheidenden Wendepunkt in ihrem Leben bezeichnet Carina den Tod ihres Vaters, zu dem sie ein sehr gutes Verhältnis gehabt hat. Sie meint, dass es ab dem Zeitpunkt seines Todes »bergab« gegangen ist. **»Durch den Tod meines Vaters wie ich 15 war ... das kann der Auslöser gwesen sein ... das kann ich aber jetzt nicht sagen, weil ich keine Psychologin bin ... also ich hatte schon vorher Experimente mit Pillen ein bisschen, aber nach dem ... mit den Drogen hats dann begonnen. Ich hab das nicht verarbeitet, weil ich mich total betäubt hab mit Tabletten ab dem Zeitpunkt, also ich hab dann nie ... in Träumen ja ... aber so eine richtige Traurigkeit ... ich hab mich immer betäubt, also ich hab die Trauer nicht verarbeitet.«**

Carinas Schullaufbahn verlief bis zur vierten Klasse Gymnasium unproblematisch. Die fünfte Klasse konnte sie jedoch nicht mehr positiv abschließen und sie brach infolgedessen die Schule ab. **»Bis zur Vierten hab ich immer gute Noten ghabt und dann, wie ich 15 war ... auch schon bevor mein Vater starb**

... war ich eher schlechter, weil ich dann mehr weggangen bin und mit Punks herumzogen bin ... bis zur Vierten war ich integriert und dann ab der Fünften war ich eher Außenseiter, weil ich eben so auf Punk anzogen war und so ... das haben die anderen Kids halt nicht verstanden, weil ich war immer in so braven Klassen ... aber mich hat das nicht gstört und ich hab meine Freunde dann außerhalb der Klasse ghabt.« In dieser Zeit machte sie auch ihre ersten Erfahrungen mit Drogen. **»Mit meiner Schwester und mit einer Freundin zusammen ... die haben eben auch experimentiert und wir waren ja nicht in Wien ... und dann sind wir einmal nach Wien gfahren und wir kannten auch einen Typen, in den ich verliebt war, der hat das gmacht ... durch den haben wir auch von einigen Drogen gwusst und die wollten wir eines Tages mal ausprobieren und sind nach Wien gfahren und haben uns das aufgstellt.«** Anfangs konsumierte Carina Rohypnol und dann auch Heroin, das sie in der ersten Zeit sniefte und später spritzte. **»... eigentlich bin ich erst mit 17 so richtig reingschlittert, von 15 bis 17 hab ich auch mal lange nix gnommen und dann wieder schon ... also ab 17 kann man sagen, dass ich dann richtig drauf war ... da war ich dann körperlich abhängig«**

JENNY, 25

Jenny wurde in Wien geboren. Sie wuchs bei ihrer Mutter auf und in den ersten sieben Lebensjahren lebte sie auch mit ihrem Stiefvater zusammen. Jennys leiblicher Vater und ihre Mutter trennten sich kurz vor Jennys Geburt. **»Mein Vater hat nie bei uns gwohnt, ich hab aber Kontakt ghabt ... dann später so ab dem dritten, vierten Lebensjahr ... also fix war einmal im Jahr im Sommer, da sind wir zusammen auf Urlaub gfahren nach Griechenland, sonst hab ich meinen Vater hin und wieder gsehen als kleines Kind ... wie ich zur Schule gangen bin, hat er mich manchmal abgholt in der Früh und dann zur Schule bracht ... da hat er aber durchgmacht und was trunken ghabt oft ... er war kein Alkoholiker oder so ... er hat oft durchgfeiert.«** Ihre Mutter heiratete, als Jenny ein Jahr alt war und brachte in dieser Ehe Jennys Halbbruder zur Welt. Jenny und ihre Familie zogen immer wieder in andere Bezirke um. Die Situation in den Wohnungen empfand Jenny als chaotisch: **»Wir haben ur viele Tiere ghabt und die Wohnung war ein Saustall pur, da hätt man mit dem Bagger durchfahren müssen, damit das wirklich wieder alles in Ordnung kommt.«**

Jenny erlebte in ihrer Kindheit und Jugend körperliche Misshandlungen durch die Mutter: **»... sie hat mich gschlagen ... meinen Bruder auch, aber nicht so oft wie mich ... wie wir kleiner waren, so bis zum zehnten Lebensjahr, haben wir es mit dem Kochlöffel, Kleiderhaken usw. bekommen, danach hab ichs mit der Hundeleine bekommen ... das so war so eine lederne, vorne mit einem Metallstück drauf ... ich hab einen Hund ghabt, von ihr zum achten Geburtstag gschenkt bekommen ... ich bin einmal bei der Tür reinkommen ... hab nicht gwusst, was ich tan hab und sie hat auf mich eindroschen bis mein linker Arm so angschwollen war ... fast aufs doppelte ... das waren so Phasen, wo sie einfach ihren Frust auslassen wollt.«** Jenny versuchte auch, ihren Halbbruder vor den Schlägen der Mutter zu schützen. »... **meinen Bruder hat sie ja nicht so extrem viel wie mich körperlich misshandelt ... ja, wie wir kleiner waren, aber später nicht mehr, da hat sie das alles an mir auslassen ... ganz selten an meinem Bruder ... weil da bin ich mal zu ihr hingangen und hab gsagt ›Greif noch einmal meinen Bruder an und glaub es mir, du wirst das nicht überleben‹ ... weil ich das einfach nicht einsehen hab, dass mein Bruder das abkriegt.**« Jenny hat vage Erinnerungen daran, dass in ihrer Kindheit sexuelle Grenzüberschreitungen von Seiten ihres Vaters stattgefunden haben könnten. »**Ich hab eine Zeit lang glaubt, dass mein Vater ... ich hab eben das Gefühl ghabt, dass das so war ... also nicht, dass er mich jetzt vergewaltigt hätt oder so, aber eben glaubt dass er ... so Aussagen wie, dass mein Busen so groß ist ... ich hab glaubt, dass das ding ist, aber das war ein falscher Eindruck ... mittlerweile weiß ich, dass es nicht so war.**«

Die Beziehung zwischen ihrer Mutter und dem Stiefvater bezeichnet Jenny als negativ und sie erzählt von vielen Konflikten, wie auch von folgender Situation: »**Ich war ungefähr dreieinhalb, da bin ich in der Nacht aufgwacht durch einen Streit von denen ... ich hab dann miterlebt, wie meine Mutter meinen damaligen Stiefvater ein Messer durch die Hand gstoßen hat ... das ist ein Erlebnis, das ich noch sehr stark in Erinnerung hab.**« Als Jenny sieben Jahre alt war, ließen sich ihre Eltern scheiden. »**...sie hat dann sehr viele Männer ghabt ... sehr viele Männer.**«

Mit zwölf Jahren experimentierte Jenny das erste Mal mit Suchtmitteln, indem sie Medikamente der Mutter einnahm. »**... also mit zwölf hab wirklich so richtig probiert, das was daheim war ... von meiner Mutter ... Lexotanil, Valium und solche Sachen, das sind keine Benzodiazepine, aber auch Sachen, die süchtig machen körperlich ... sie hat Xanor ghabt und da hab ich 60 Stückeln auf einmal gfressen ... da bin ich dann am Weg zur Schule gwesen, bin eingschlafen bei der U6, während dem Gehen bin ich eingschlafen, das war voll org.**« In diesem Zusammenhang erzählt Jenny auch davon, wie sie im Auftrag

ihrer Mutter Tabletten beschaffen musste. »**Meine Mutter hat nämlich gegen Angst- und Panikattacken Medikamente bekommen, die aber körperlich abhängig machen ... sie hats am Schwarzmarkt kauft, was ich aber erst erfahren hab, wie sie auf Entzug gangen ist ... ich war für sie auch schon mal beim Dealer ... sie hat mir gsagt, ich soll mich dort und dort mit ihm treffen und sie hat ihm gsagt, dass die Tochter kommt. Ich war damals zehn Jahre alt, ich habs damals nicht registriert was ich da tu, weil ich zu jung war einfach. Es ist so, meine Mutter hat nicht schlecht verdient, sie is diplomierte Krankenschwester, aber ich hab davon nicht wirklich was ghabt ... meine Mutter hat dadurch, dass sie ja auch abhängig war, schon immer Geldprobleme ghabt und dadurch, dass sie mit dem Geld nicht hat umgehen können ... ich hab auch einfach aus ihrer Geldbörse Geld gnommen, weil ich hab nie Taschengeld bekommen.**«
Ab dem zwölften Lebensjahr etwa interessierte sich Jenny für den Karlsplatz. »**... ich weiß nicht, die Leute haben mich irgendwie komischerweise fasziniert oder anzogen ... ich hab mir die angschaut, hab mit denen quatscht.**« Sie fand dort rasch Anschluss und freundete sich mit älteren Burschen an, die sie beschützten. »**Der eine, der hat auf mich aufpasst, der war ein bissl älter als ich ... ich war zwölf, dreizehn ... er ist damals grad aus dem Gfängnis kommen ... wegen Körperverletzung und er hat auf mich aufpasst ... zum Beispiel, da hat mich ein Typ mal angrapscht und anmachen wollen und so weiter und er is auf den losgangen und hat ihn sogar blind gschlagen ... aber nicht absichtlich, sondern er hat auf ihn hintreten, weil er mich eben begrapscht hat ... er war wie ein größerer Bruder.**«
Danach lernte sie eine Gruppe von Jugendlichen kennen, mit der sie gemeinsam zu Fußballspielen ging. »**Also eigentlich hat das mit 14 angfangen ... mit Leuten eben, die eine rechte Einstellung ghabt haben, aber nicht so extrem, nicht so wie Skinheads oder Hools ... waren auch Rapidfans wie ich ... wir waren eine Parkpartie ... damals bin auf Auswärtsmatchs gwesen, auf Heimspiel sowieso jedem.**«

Mit 13 Jahren konnte Jenny die Situation zu Hause nicht mehr ertragen und riss von daheim aus: »**… meine Mutter hat mich wieder mal gschlagen und auf das hinauf hab ich meine Taschen packt, hab mich heimlich aus der Wohnung gschlichen und bin zu einer damaligen Freundin gangen und hab ihre Mutter gfragt, ob ich eine Zeitlang bleiben kann … nach einer Woche dann hat sie gsagt, ich soll doch zu meiner Mutter zrückgehn … ich hab das dann gmacht und was hab ich kriegt? Einen Arschtritt wie ich bei der Wohnung reinkommen bin … am liebsten wärs meiner Mutter gwesen, wenn ich gar nicht mehr zrückkommen wär.**«

Jenny erlebte das Verhalten ihrer Mutter als sehr ablehnend und zurückweisend und fühlte sich auch von ihrem leiblichen Vater im Stich gelassen. »**Ich hab nie das Gfühl ghabt, dass jemand aus meiner Familie wirklich hinter mir gstanden is und für mich da war.**« Sie fühlte sich alleine gelassen und auch ihr Halbbruder Clemens distanzierte sich zusehends von ihr. Heute sieht Jenny den Grund für den Kontaktabbruch mit dem Bruder in ihrer sich damals entwickelnden Suchtmittelabhängigkeit.

Die Beziehung zwischen Jenny und ihrer Mutter war von vielen Konflikten und Übergriffen geprägt und eskalierte, als Jenny 15 Jahre alt war. Jenny begann damals, sich gegen die Übergriffe der Mutter zur Wehr zu setzen. »**… sie hat mich dann rausgschmissen von zu Haus, weil sie gmerkt hat, sie kann mit mir nicht mehr tun und lassen was sie will, weil ich mich wehr … da war mal ein Streit, weil ich mir einen Rock von ihr ausborgt hab und zwar einen kürzeren, da hat sie sich dann aufgregt, nicht unbedingt wegen dem Minirock … sondern überhaupt weil sie wieder einmal eine ihrer Phasen ghabt hat, wo sie einfach ihren Frust rauslassen wollt, und der Rock is ihr grad recht kommen, dass ich mir den ohne zu fragen ausborgt hab und da hab ich mich gwehrt, indem ich dann sie mit den Stahlbockschuhen zrücktreten hab … ich hab auch einmal versucht, meine Mutter umzubringen, in dem ich ihr die Halsschlagader aufschneiden wollt … das war kurz bevor ich**

rausgflogen bin ... mein damaliger Freund, der war 17 und hat auch gwohnt bei uns ... ich hab zu ihm gsagt ›Misch dich nicht ein, wenn ich mit meiner Mutter einen Streit hab‹ ... und er is dann aber doch dazwischen gangen, wie ich grad auf meine Mutter so hingangen bin mitn Messer ... da hab ich ihm versehentlich die Hand aufgschnitten.«

Nach dem Rauswurf aus der elterlichen Wohnung ging Jenny von sich aus in ein Krisenzentrum und nach einiger Zeit wurde sie in einem Heim untergebracht. Sie erzählt, dass die Regeln dort zu streng und unfair waren und dass die SozialpädagogInnen nicht wirklich auf sie eingingen. **»Meine Erinnerungen ans Heim ... negativ, sehr negativ ... ich mein, nicht, weil man dort Arbeiten verrichten hat müssen oder so ... es hat verschiedene Arbeiten geben, zum Beispiel, dass du putzt, es hat noch andere Arbeiten geben, wo man ein Taschengeld von fünf bis zehn Schilling kriegt hat, aber die hab ich nicht bekommen ... die Betreuer waren Orsch, zum Beispiel war es so, dass sie die Küche zugsperrt haben, damit wir nicht rein können, einfach aus dem Grund, weil sich dort ein paar Mädls so aufgführt haben in der Küche, dass die Betreuer gsagt haben, jetzt sperren wir die Küche ganz zu ... wenn ich dort war, hab ich sowieso eigentlich nix gessen. Vielleicht insgesamt zwei, drei Mal hab ich was gessen ... man hat fragen müssen, ob man was essen darf und den Schlüssel holen müssen ... die Betreuer sind nicht wirklich eingangen auf mich, sie haben mir nicht die Arbeit geben, wo man was verdient hat ... sie haben hauptsächlich dann mit mir gredet, wenn ich abposcht bin, dass ich mich anpassen muss, solche Sachen halt.«** Immer wieder riss Jenny aus dem Heim aus. **»... ich bin hinkommen ins Heim, war eine Viertelstunde dort, hab meine Sachen in den Kasten rein tan und bin schon wieder abposcht und nimmer kommen ... da haben sie mich dann nach einer Woche durch die Polizei wieder gfunden und zrückbracht ... da war ich viel am Karlsplatz damals.«**

Jennys Schullaufbahn endete im Polytechnikum. Sie ging immer seltener in die Schule, konnte das neunte Pflicht-

schuljahr nicht positiv abschließen und arbeitete dann in einer Kanzlei. **»Ich hab schon eine Lehre begonnen, bei einem Rechtsanwalt ... mit mir gleichzeitig hat eine andere angfangen ... ich war aber schon sehr verkühlt wie ich dort hinkommen bin zum Antreten von der Lehre ... dann nach circa einer Woche hat mich die Frau vom Chef auf die Seiten gholt und hat gfragt was mit mir los is ... hab ich gsagt, dass eben ... ja ich geh morgen zum Arzt, bleib dann noch übermorgen daheim und komm dann wieder ... am zweiten Tag ruft mich der Rechtsanwalt an und hat gmeint, warum ich unentschuldigt fern bleib, worauf ich gmeint hab ›Ich hab das mit Ihrer Frau besprochen‹ ... er hat gmeint, das geht nicht, dass ich da so einfach fern bleib ohne irgendwie Bescheid zu geben, obwohl ich ja eh Bescheid geben hab ... auf das hinauf hat er mir die Kündigung gschickt.«**
Danach suchte sie sich eine neue Beschäftigung. **»Ich hab bei der Post garbeitet und hab dort leider einen Scheiß baut. Ich hab Briefe göffnet, auch Pakete, hab aber dann teilweise die Briefe wieder zugmacht und normal zugstellt und manchmal is das nicht mehr gangen und ich hab auch Sachen rausgnommen aus Briefen ... es war nicht das, dass ich was stehlen wollt, es war einfach das Interesse, was die Leute so schicken ... das war reine Neugier ... da hab ich dann die Verhandlung ghabt deswegen, die Anklage war auf Diebstahl.«**
Durch ihre häufiger werdenden Aufenthalte nach bzw. statt der Schule am Karlsplatz kam sie im Lauf der Zeit mit Suchtmitteln wie Morphium und Heroin in Kontakt und konsumierte diese immer regelmäßiger.

STELLA, 17

Stella wuchs zusammen mit ihrer älteren Schwester und ihrem älteren Bruder bei ihrer Mutter in einer Wohnung in Wien auf. Ihren Vater, der auf der Straße lebt, hat sie bisher nur einmal gesehen. Sie erinnert sich, dass ihre Mutter sich sehr um sie und ihre Geschwister gekümmert hat als sie noch jünger waren. **»Sie hat sich um mich immer Sorgen gmacht, wenn ich wo hingeh, sagts immer ›Pass ja auf dich auf, ich will nicht, dass dir was passiert‹ ... meine Mutter hat eher auf uns gschaut, nicht auf sich selbst ... also wir haben immer kochtes Essen ghabt, meine Mutter war Heimhilfe, die hat sogar oft in der Nacht kocht und wir habens uns dann nur mehr in die Mikrowelle stellen müssen.«** Als Stella in der Volksschule war, hatte sie keine FreundInnen und war Außenseiterin. **»... ich bin immer verspottet worden wegen meiner Figur.«** In dieser Zeit versuchte sie sich auch einmal umzubringen und wurde dann für kurze Zeit in einem psychiatrischen Krankenhaus untergebracht. **»Ich war acht, neun ... da wollt ich mich mit dem Strick erhängen ... ich weiß nicht wieso ... ich war dann dort ... zwei Wochen wegen Selbstmordgefährdung ... zur Beobachtung, aber da is nix rauskommen.«**

Als Stella zwölf Jahre alt wurde, ereignete sich ein Vorfall, der ihr Leben veränderte. **»Mein Bruder hat, wie ich zwölf war ... hat er den Autounfall ghabt in Ungarn und is dann ins AKH kommen, war sechs Monate im Koma, hat schwere Gehirnblutungen ghabt, einen Lungenkeim hat er ghabt, den haben sie in Ungarn übersehen, körperliche Verletzungen, und dann is der ins Rehabilitationszentrum kommen und ab da hab ich ihn dann wieder gsehen und er war auch eine Zeit lang halbseitig gelähmt.«**

Kurz darauf wurde Stella in einem Heim untergebracht, nachdem sie ein Mädchen schwer verletzt hatte. **»Da war ich auf Urlaub, da hat ein Mädchen meinen Bruder behinderten**

Krüppel gschimpft, das war ihr letzter Fehler, weil der hab ich so lange in den Bauch treten, bis sie mit dem Intensivhubschrauber abgholt worden is ... von dort aus bin ich gleich ins Krisenzentrum kommen.«

Ab diesem Zeitpunkt sah sie ihre Mutter und ihre Geschwister nicht mehr und war die darauf folgenden Jahre in sozialpädagogischer Unterbringung. **»Sechs Wochen war ich dort, glaub ich, dann bin ich in eine WG kommen ... dort hätt ich um viertel Neun schlafen gehen müssen und das hab ich nicht eingsehen und bin abghaut ... dann war ich drei Monate abgängig durchgehend.«**

Sie übernachtete in dieser Zeit **»Überall ... im Prater, da hats so Internetstandln geben, da bin ich Tag und Nacht dort gstanden und irgendwann hat mich halt die Polizei aufgriffen und bin hingführt[50] worden und am nächsten Tag war ich wieder weg.«**

Die Unterbringung in der sozialpädagogischen Wohngemeinschaft war für sie sehr frustrierend. **»... meine Bezugsbetreuerin ... das war eine Kretzn ... die wollt mich dauernd in mein Zimmer einsperren ... die hat mich nicht fort ... die hat mich nicht einmal in der Nacht aufs Klo gehen lassen ... die haben nur den Job wegen dem Geld gmacht, die haben sich überhaupt nicht für einen interessiert ... Zigaretten weggnommen, gschimpft, einfach den Fernseher abdreht, ins Zimmer gschickt, nicht gfragt, wenn was in der Schule los war, was los war, sondern gleich Strafen ... ich wollt mit denen dann auch nicht über meine Probleme reden, weil prinzipiell red ich nur mit Leuten über meine Probleme, denen ich vertrau ... und da waren lauter kleine Kinder ... acht-, neunjährige, das hab ich nicht ausghalten.«**

Was Stella aber am meisten kränkte in dieser Zeit war die Tatsache, dass ihre Mutter sie nicht mehr nach Hause geholt hat. **»Sie wollt mich dann überhaupt nimmer sehen ... für sechs Monate hätt ich in eine WG kommen sollen, dann hats gheißen**

50 In die WG

ich komm wieder heim, aber durch die Freunde von meiner Mutter bin ich dann in der WG blieben ... ich weiß es nicht, wahrscheinlich weil sie mich nicht leiden haben können ... weil sie wahrscheinlich die Mutti ausnutzen wollten und glaubt haben, ich bin ihnen dabei im Weg, weil ich hab meiner Mutter immer gholfen.«

Auch von ihrer um fünf Jahre älteren Schwester wurde Stella sehr enttäuscht. **»... meine Schwester hat auf mich gschissen ... das is wegen ihrem Freund, weil ihr Freund is ein Schwarzer und meine Mutter war bei der Geburt ihres letzten Kindes dabei, der is jetzt dieses Jahr zu Pflegeeltern kommen, weil er sie gschlagen hat ... sie hat ihm das ganze Geld geben und der Kleine hat dann nix zum Essen ghabt und jetzt kümmert sie sich um ihr Kind auch nimmer ... und das erste Kind lebt bei der Mutter vom Kindesvater, da kümmert sie sich auch nimmer drum ... auf meine Mutter hats auch gschissen, obwohl meine Schwester delogiert worden is in der Schwangerschaft und meine Mutter sie aufgnommen hat, gratis, gar nix verlangt hat ... vor ihrer Tochter hat sie sich die Nadel reingspritzt ... und Ofen baut... also Jolly ... die Kleine wird jetzt sechs Jahre und weiß wie man einen Joint dreht.«**

Stella kam mit zwölf Jahren ins Heim und lebt seither getrennt von der Familie. Der Autounfall ihres Bruders riss die Familie auseinander und veränderte Stellas Leben grundlegend.

JANINA, 20

Janina wuchs in den ersten vier Lebensjahren bei ihren leiblichen Eltern auf. Nach dem Tod des Vaters zog sie zu ihren Großeltern. **»... mein Vater is gstorben wie ich vier war, seit dem is richtig runter gangen, meine Mutter is Alkoholikerin, sie hat nur mehr gsoffen ... dann bin ich bei meiner Oma groß gworden ... meine Oma war wie meine Mutter ... also meine Mutter hat sich nie viel um mich kümmert.«** Die Großeltern wurden zu Janinas neuen Ersatzeltern, bei denen sie sich geliebt und geborgen fühlte. Janinas Leidenschaft galt von klein auf Pferden. Als ihre Großmutter ihr ein Pferd schenke, erfüllte sich für sie ein großer Traum. **»... zehn Jahre hab ich das Pferd ghabt ... also bis 14 und dann bin ich halt noch ein paar Mal reiten gangen und ich hab Fiaker fahren glernt und dann wollt ich die Fiaker-Prüfung machen.«**

Als Janina zwölf Jahre alt war, starb ihre Großmutter. Dieser Verlust war für Janina sehr schmerzvoll. **»... wie meine Oma gstorben is, war das Leben für mich zu Ende.«** Janina erzählt, dass sie ab diesem Zeitpunkt immer mehr abgerutscht ist. Nach dem Tod der Großmutter zog Janina zurück zu ihrer Mutter, die mittlerweile wieder geheiratet und zwei weitere Kinder bekommen hatte. Vom neuen Partner der Mutter erlebte Janina – sowie andere Familienmitglieder auch – gewalttätige Übergriffe. **»... mein Stiefvater hat mich gschlagen ... am Anfang war er noch ganz nett ... also er is Ausländer ... und da hat er noch nicht Papiere ghabt und seit dem er die Papiere hat, schlägt er meine Mutter ... er hat auch auf meinen Opa hingschlagen ... also ich hasse ihn auf deutsch gsagt ... weil er trinkt nämlich auch ziemlich viel ... er sagt zwar immer, er hört auf und dann is ein Monat Schluss und dann wieder volle Wäsch durch ... dann wieder ein Monat Pause ... dann wieder volle Wäsch durch ... meine Mutter lässt sich das alles gfallen.«** Ihre Mutter übte nie körperliche Gewalt auf Janina aus. »**... also sie hat mich nie gschlagen ... sie hat mich nur einmal im Kinderwagerl vorm Lokal vergessen ... das hat mir meine Oma erzählt.**«

An ihre Schulzeit erinnert sich Janina nur ungern. »**Ja, sie haben mich halt immer verorscht ... grindige Sau und so Sachen ... ich glaub in der dritten Hauptschule hat das angefangen und in der neuen Schule wars noch extremer ... da haben sie mir dann schon den Rucksack immer im Mistkübel ausgleert und so ... das war halt schon schlimm irgendwie ... ich war immer das Arschloch ... allgemein ... in der Familie, in der Schule ... die haben mich immer alle nur runtergmacht ... in der Familie und in der Schule.**« Das neunte Pflichtschuljahr beendete Janina positiv, doch ihre Lehre brach sie kurz vor dem Ende ab. »**Volksschule, dann Hauptschule, da hab ich das vierte Jahr nochmal wiederholt ... also im ersten Halbjahr hab ich lauter Zweier ghabt und dann bin ich nicht mehr hingangen, weil ich gwusst hab, ich kann nur zwei Noten abstürzen ... ich hab halt das erste Halbjahr anzaht, lauter Zweier ghabt, und bin dann halt nimmer in die Schule gangen ... dann hab ich eine Kosmetikschule besucht ... ein Jahr lang ... und dann hab ich eine Konditorlehre angfangen ... zweieinhalb Jahre ... hab ich aber nicht fertiggmacht, weil mein Chef ... ich bin damals vergewaltigt worden und ich wollt auf die Verhandlung gehen und aussagen und er hat gmeint ›Ja, du depperte Schlampe bist selber schuld‹ ... dann hab ich ihm das Messer nachgworfen und bin gangen.**«

Janinas Pubertät war auch von autoaggressiven Phasen geprägt. »**... in der Hauptschule hab ich schon Essstörungen und so ghabt ... Bulimie hab ich ghabt ... weil immer ... ich hab nichts mehr runter bekommen, weil es mich schon so geekelt hat vor den Leuten und alles ... am Anfang hab ich mir halt auch immer nur die Hand so aufgschnitten und so ... weiß nicht, mitm Kopf gegen die Wand ghaut die ganze Zeit ... hab aus Aggressivität hingschlagen und so ... weil ich mit den Skinheads und die Hooligans unterwegs war ... hab ich mich halt beim Fußballmatch austobt.**«

In dieser Zeit riss Janina auch immer wieder von zu Hause aus. **»... ein paar Mal bin ich sicher abposcht ... ich bin einmal daheim gwesen und mein Stiefvater is heimkommen ... und die ganze Wohnung war so leer und ich hab halt im Wohnzimmer das Licht brennen ghabt, weil ich Angst ghabt hab ... und er is heimkommen, hat mich gegen den Kasten ... also gegen die Wand gstoßen ... davon hab ich halt da die Narbe ... sieben Nähte waren da drinnen ... und da bin ich halt aus dem Fenster ghupft und abposcht.«**

Janina wurde auch von einem Jugendlichen aus der Nachbarschaft vergewaltigt. **»Hm ... der hat einen Stock unter uns gwohnt ... das war ein 19-jähriger Hooligan und der hat sieben Monate kriegt ... ich und eine Freundin von mir haben ihn anzeigt und dann noch ein 14-jähriges Mädl, das er gschlagen hat ... also durch das is das eigentlich zustande kommen ... die is unten bei uns im Hof glegen ... sie is bewusstlos im Hof glegen und ich hab sie rauftragen und hab halt die Polizei grufen ... nachher haben sie mich dann halt gfragt, ob ich mit dem Jungen auch was zum tun ghabt hab ... und dann hab ich halt eh die Wahrheit gsagt ... sieben Monate hat er bekommen.«**

Mit 14 Jahren musste Janina die Wohnung der Eltern verlassen und bezog eine eigene Wohnung, die sie allerdings nicht lange behielt. **»... die haben mich rausgschmissen und dann hab ich mir eine Wohnung gsucht ... eine ganz eine billige ... ich hab mir eine Wohnung suchen müssen, wollt nicht auf der Straße sein ... ich hab einen 14-jährigen Junkie bei mir wohnen ghabt, der hat mich am Karlsplatz angsprochen, wie ich in mein Stammlokal gfahren bin ... er hat gmeint, er is so arm, er hat keine Wohnung, die Mutter hat ihn rausghaut ... nachher hab ich mich dann mit seiner Mutter unterhalten und sie hat gmeint, sie kann ihn nicht bei sich wohnen lassen, weil er Hepatitis und HIV hat und er halt noch eine kleine Schwester ghabt hat ... und er is auch nie heimgangen ... er hat die Möglichkeit ghabt, eine Wohnung bei seinen Eltern zu haben, die haben sich wirklich um ihn kümmert ... nur es hat halt gheißen, keine Drogen in der Wohnung und er is halt dann**

immer wegtrickert ... das Bett is verbrennt ... und dann haben sie halt gsagt, er muss raus ... es geht nicht anders ... und der hat mir dann das erste Mal Morphium gejunkt ... Cola gejunkt ... ich hab am Anfang nicht mal gwusst, was ich nehm ... als erstes hat er mir Benzoediazehpan ins Essen geben und dann kann ich mich an nix mehr erinnern ... und am nächsten Tag hab ich einen Einstich ghabt und so ... und dann am nächsten Tag hab ichs halt wieder gnommen und dann is der andere mit Koks daher kommen und hat mir das Koks reinghaut ... ich mein, ich hab zweieinhalb Jahre nicht mal wirklich allein spritzen können ... ich hab mir das immer von den andern machen lassen ... die Wohnung hab ich dann durch den Junkie verloren ... weil er die Spritzen aus den Fenster ghaut hat ... und weil das Blut ... also ich hab am Gang das Klo ghabt, das war eine billige Wohnung ... und er hat die Spritzen auch am Klo ghabt und aufgführt haben sie sich wie die Ärgsten bei mir, wie ich weg war ... wie ich in den Urlaub gfahren bin, war ich am Land kurze Zeit ... und wie ich zrückkommen bin, hab ich dann die fristlose Kündigung im Postkasten ghabt .« Nachdem Janina ihre Wohnung verloren hatte, lebte sie auf der Straße und schlitterte zusehends in die Drogenszene hinein.

RITA, 15

Rita wuchs in Wien bei ihrer leiblichen Mutter und deren Lebensgefährten und vier Halbgeschwistern auf. Ihren richtigen Vater hat sie nie kennen gelernt. **»Ich hab nur ghört ... meine Mutter hat mir oft erzählt, dass mein Vater im Gfängnis war ... der Onkel war drei Mal, die Tante war auch ein paar Mal ... mein Vater war wegen Vergewaltigung, mein Onkel war wegen Betrug oder so ... bei meiner Tante auch wegen so was.«** Zu dem Lebensgefährten der Mutter hatte sie keine gute Beziehung. **»Er hat glaubt, er kann in unserer Familie was verändern jetzt, wo er da is und das hat mir nicht so passt und ich hab nicht so mitgspielt wie er es haben wollt.«** Zu ihren zwei Schwestern und zwei Brüdern, die aus diesem Verhältnis stammten, hat sie kaum eine Beziehung aufgebaut, da die Geschwister damals noch sehr klein waren. Ihre Mutter arbeitete als Steuerberaterin und ihr Lebensgefährte als Verkäufer in einem Elektrofachmarkt. Rita erzählt, dass die Familie immer ausreichend Geld zur Verfügung hatte. Ihre Mutter beschreibt Rita als gutmütig, wenn auch aufbrausend. **»Sie regt sich viel zu schnell auf, man muss nicht viel machen, dass sie böse is und dass sie mit uns schimpft.«** Auch Suchtproblematiken spielten in der Familie eine Rolle. **»Meine Mutter ist H-abhängig seit 18 Jahren.«** Der Lebensgefährte der Mutter konsumierte ebenfalls gelegentlich. **»Der raucht hin und wieder einen Joint.«** Rita meint im Nachhinein, dass sowohl sie als auch der Lebensgefährte der Mutter mit der Tatsache, dass die Mutter Heroin spritzt, nicht gut zurechtgekommen sind. **»Ich weiß nicht ... ich könnts nicht, ich habs auch nicht können ... er verdrängt das wahrscheinlich. Ich weiß nicht, ich habs normal gfunden, was soll ich denken mit elf Jahren.«** Rita besuchte zwei Jahre lang das Gymnasium und brach dann ab. **»Ich war Durchschnitt, ich hab mittelmäßige Noten ghabt ... also grad einmal zum Durchkommen.«** Sie berichtet, dass sie in dieser

Zeit viele Freunde hatte. Als sie elf Jahre alt wurde, änderte sich ihr Leben. »**Meine Mutter hat bei mir im Zimmer ein Baggie gfunden, ein viertel Kilo Dope war drinnen und sie is halt total ausgrastet ... sie hat das Jugendamt oder so angrufen und die haben gsagt, sie soll mich ins Heim stecken.**« Rita wurde daraufhin in einem Krisenheim untergebracht, von wo sie allerdings nach zwei Tagen wieder ausriss.

In den folgenden zwei Jahren sah sie ihre Mutter nur, wenn sie von der Polizei aufgegriffen und wieder ins Heim gebracht wurde. Mit 13 Jahren wandte sie sich schließlich völlig der Straße zu und begann Heroin zu spritzen. »**Also das Übernachten ... ich hab nicht gwusst wo ich schlafen soll ... ja, und da hab ich halt dann auch ein paar Freunde kennen glernt und die haben halt gsagt, dass sie mich mitnehmen ... dass das so halbwegs sicher is ... ja und dann hab ich halt angfangen mitn Schnorren, das Schnorren is aber nicht gut glaufen ... ja, und dann bin ich halt einmal in der Nacht da her gangen.**«

NICOLE, 16

Nicole wurde in Wien geboren und lebte bis zu ihrem elften Lebensjahr mit ihren leiblichen Eltern zusammen. Beide Elternteile waren arbeitslos und bezogen staatliche Beihilfen. **»Weder meine Mutter war hackln noch mein Vater war hackln ... Sozialhilfe haben sie kriegt, das is auch nicht viel gwesen ... also Geldprobleme hat es schon geben.«** Ihre Mutter hat Nicole in guter Erinnerung. **»Also von meiner Mutter hab ich alles haben können was ich wollt ... das war positiv für mich ... wenn ich Probleme ghabt hab, bin ich immer zu ihr gangen.«** Von ihrem Vater erlebte Nicole in ihrer Kindheit sexuelle und körperliche Gewalt. **»... meine Mutter war eigentlich eh leiwand zu mir, nur mein Vater hat meine Mutter und mich immer gschlagen und meine Mutter vergewaltigt ... mich hat er drei Mal vergewaltigt ... das erste Mal war ich sechs Jahre und das zweite und dritte Mal acht Jahre.«**

Als Nicole neun Jahre alt war, ließen sich ihre Eltern scheiden. Kurz darauf erfuhr ihre Mutter, dass sie Krebs hat. Nach zwei Jahren erlag Nicoles Mutter ihrer Krankheit. Ihr Vater starb bald danach an den Folgen seiner Alkoholabhängigkeit. **»... meine Mutter hat dreifachen Krebs ghabt und is im Sterben glegen und mein Vater is genauso im Sterben glegen ... mein Vater hat sehr viel Alkohol trunken und das war auch eigentlich dann sein Todesurteil ... Leberzirrhose. Dass meine Mutter gstorben is, war schon dramatisch ... im Gegensatz zu meinem Vater, da war ich überhaupt nicht enttäuscht, da hats mich nicht einmal gstört, dass ich nicht am Begräbnis war ... im Gegensatz zu meiner Mutter, da bin ich halbert zsammbrochen ... also es waren auch genau zwei Monate nur Abstand vom ... dass meine Eltern gstorben sind und bei meiner Mutter hab ichs überhaupt nicht dazaht.«**

Nach dem Tod der Eltern wurde Nicole in einem Heim untergebracht, in dem sie sich aber durch die dort herrschenden

Strukturen eingeschränkt fühlte. »**... also leiwand wars nicht wirklich im Heim ... mit den Kindern hab ich mich zwar verstanden, aber Erzieher ... einfach Erwachsene, die ich nicht packt hab ... keine Freizeiten ghabt, gar nix, beispielsweise in anderen Heimen darfst auswärts schlafen oder kriegst ein Essensgeld oder was ... dort hast weder ein Geld kriegt oder hast außerhalb schlafen dürfen ... oder überhaupt ... du hast grad einmal Zeit ghabt, wennsd in der Schule warst, oder nach der Schule ... oder arbeiten, nach der Arbeit, wennsd dann Lernen musst, hast noch weniger Zeit, also wenig Freizeit.**«

Ihre Schullaufbahn endete in der dritten Klasse Hauptschule. »**... schwer tan hab ich mir schon in der Schule, eben auch meistens Scheißlehrer ... wir waren 30 Schüler in einer Klasse, davon drei Österreicher, du hast grad einmal glernt Türkisch und andere Sprachen, aber nicht das, was du lernen hättst sollen ... die Hauptschule hab ich in der Dritten abbrochen. Ich hab schon Freunde in der Schule ghabt, aber ... ich mein, in einem geringen Kreis halt.**«

Mit 13 Jahren beschloss Nicole, das Heim zu verlassen, da sie die Situation dort nicht mehr aushielt. »**... einfach Stress mit den Erziehern ... die haben mich nicht packt, ich hab sie nicht packt ... und ich wollt aber auch weg von dort ... aber da wär ich noch in ein blöderes Heim kommen und da hab ich mir dacht, da schleich ich mich gleich.**«

SARAH, 20

Sarah wurde in Wien geboren und wuchs bei ihrer Mutter in einer Zweizimmerwohnung im 20. Bezirk auf – viel Zeit verbrachte sie aber auch bei ihren Großeltern mütterlicherseits. **»Also ich bin eigentlich bei meiner Mutter aufgwachsen, die hat mich halt meistens zu meinen Großeltern abgschoben ... das war halt ein ziemliches hin und her.«** Sarahs leiblicher Vater zog bald nach ihrer Geburt nach Deutschland und gründete dort eine eigene Familie – aus diesem Grund hatte sie selten Kontakt zu ihm. Nach der Trennung ihrer Eltern hatte die Mutter viele Männerbekanntschaften. **»... sie hat halt so Fick-Freunde ghabt ... also sie hat davor ein Jahr mal einen Mann ghabt, also einen Lebensgefährten, einen festen, aber der is gstorben an Herzinfarkt ... also meine Mutter hat einfach mit reichen Typen gvögelt, die ihr sämtliche Sachen kauft haben.«** Sarah hat sehr früh versucht, finanziell unabhängig von der Mutter auf eigenen Beinen zu stehen. **»Finanzielle Probleme hats bei uns eigentlich nicht geben ... ich mein jein ... meine Mutter hat halt fürs Einkaufen ziemlich wenig Geld ausgeben ... da sie sich es gleistet hat, jeden Tag ins Solarium zu gehen, glaub ich nicht, dass da irgendwelche Geldprobleme geben hat ... Taschengeld hab ich halt kriegt, 20 Schilling die Woche, aber darauf war ich nie angwiesen ... was ich wollen hab, hab ich mir immer irgendwie besorgt, also entweder Tauschgschäfte oder in ein Gschäft gangen und einfach mitgehen lassen ... das Einzige was ich nie gmacht hab, is privat irgendwem was stehlen ... ich wars halt gwohnt, selber irgendwas nicht zu haben und wenn ich mir denk, wenn ich das jetzt hätt oder wenn ich jetzt das Geld hätt, dann würds mir wer wegnehmen ... wenn ich das einmal hab, dass mir das wer wegnehmen würd, würd ich mich so schrecklich fühlen, deswegen hab ich das noch nie fertig bracht.«** Sarahs schulische Laufbahn endete in der zweiten Klasse eines Gymnasiums. **»Leider bin ich nur bis zur Zweiten gangen**

... danach war ich dauernd unterwegs, da hab ich nicht aufstehen können ... vom schulischen her hab ich nie Probleme ghabt, gute Noten ghabt, ja natürlich ... ich find, wenn man lernen will, tut man sich nicht schwer ... der einzige Grund warum Kinder schlechte Noten haben, is entweder eine Lernschwäche, für die sie nix können, oder weil sie desinteressiert sind.«

Was Gewalterfahrungen in der Familie betrifft, erzählt Sarah von folgender Begebenheit: **»Ja, ich mein, wenn ich bei meinem Vater und bei den Großeltern[51] war und es hat ihm was nicht passt ...da war ich sieben oder acht, meine Großmutter hat mir alles Essen gschnitten, ich habs nicht schneiden dürfen ... mein Vater hat gmeint, entweder ich ess normal oder gar nicht ... und irgendwann is die Gabel mal dann so weggflogen und er hat gmeint ›Was bildest du dir ein‹ und hat mich dann an den Haaren so gegen die Wand ... dann hab ich gschrieen, bin weggrannt und hab mich am Bahnhof in irgendeinen Zug gsetzt ... sie haben mich dann natürlich auch erwischt und mich aber nicht zu ihm zurückbracht, weils gsehen haben, dass ich eine riesen Platzwunde ghabt hab ... mein ganzes Gsicht, meine Haare, mein Gwand voller Blut ... dann bin ich notversorgt worden und dann ins AKH überstellt worden.«**

Sarah erinnert sich, dass ihre Großeltern mütterlicherseits sich oft gehässig über sie geäußert haben: **»... als kleines Kind haben sie schon gsagt, ich bin dämonisch, ich bin eine Hexe, ich bin der schlechteste Mensch der Welt ... ich weiß nicht wieso ... das war schon wie ich klein war, so mit ein oder zwei Jahren ... ich war frühreif, ich hab mit neun schon meine Regel bekommen ... ich hatt früher mal große Brüste ... durch die Brustentzündung ... ich hab jetzt eine A, früher hab ich eine ganz pralle B ghabt und war extrem schlank ... und das hat ihnen auch nicht passt, und dadurch dass ich mit neun schon angfangen hab ... wie ich zehn war, hab ich schon so große Brüste ghabt, wie ich jetzt hab.«** Mit ihrem Großvater verbindet sie auch noch andere Erinnerungen: **»Mein Großvater hat gerne**

51 die Eltern ihres Vaters

grapscht ... ›Na, greif mich einmal an, komm in die Badewanne, na gib mir mal ein Bussi‹ ... so klassisch unter Druck setzen.« Das Verhältnis zwischen Sarah und ihrer Mutter war aus Sarahs Sicht von Machtdemonstrationen der Mutter geprägt. **»Sie is der klassische Zwilling ... so wie man ihn sich vorstellt, also die klassischen zwei Gsichter eben ... kann irrsinnig nett tun, is aber ein berechnender Mensch und sie liebt Machtspielchen ... zum Beispiel hab ich mal probiert wirklich brav sein, alles was sie mir gsagt hat, hab ich gmacht und sie hat plötzlich neue idiotische Regeln aufgstellt, nur um wieder Macht zu demonstrieren und wenn ich das natürlich nicht gmacht hab, weil es idiotisch war, zum Beispiel ich trink ein Glas Himbeersaft, bin kurz ins Schlafzimmer reingangen, hab mich für fünf Minuten hingsetzt und hab vielleicht irgendwas gsucht oder irgendwas gschrieben und sie hat sich aufgregt, dass das Glas immer noch am Tisch gstanden is ... solche Sachen eben ... und wenn ich mich auch wirklich danach grichtet hab, nach diesen idiotischen Regeln is sie erst recht auszuckt, weil ich ihr dadurch keine Angriffsfläche boten hab ... damit hab ich sie erst recht wütend gmacht ... das sind halt so Machtspielchen, das braucht sie einfach, sie fühlt sich so besser. Diese Machtspielchen ... sie hat mich ... zum Beispiel in der Nacht rufts mich an, weil ich Idiot hab ihr die Handynummer geben von mir ... ›Du kommst jetzt heim, was bildest du dir ein so lang weg zum bleiben?‹ ... ›Na was, du hast mich rausgehaut!‹ ... ›Ja, aber das heißt jetzt nicht, dass du zwei Stunden wegbleiben kannst!‹ ... und solche Meldungen ... wo ich dann nur mehr gsagt hab ›Scheiß-Fotze‹ und hab aufglegt.«** An eine emotionale, liebevolle Beziehung zu ihrer Mutter kann sich Sarah kaum erinnern. **»... sie war eigentlich mehr eine Frau, die ich kenn, bei der ich unter Anführungszeichen gwohnt hab ... ich hab sie irgendwie schon gern ghabt.«**

Sarah wurde häufig für kurze Zeitspannen von zu Hause rausgeworfen bzw. riss von selbst aus, wenn die Situation zwischen ihr und der Mutter eskalierte. **»Das war immer so abwechselnd ... entweder meine Mutter hat mich rausghaut oder**

ich bin gangen ... meistens wars so, wir haben gstritten, sie hat gmeint, ich soll mich verpissen, wollt dann natürlich meistens ... meistens wollts ein paar Stunden später, dass ich wieder komm, nur dann hab ich ihr natürlich auch was pfiffen ... das lass ich mir nicht bieten, ich mach was ich will ... natürlich is auch vorkommen, dass ich mir was ausgmacht hab und einfach gangen bin und nicht drauf gwartet hab, dass sie mich rauswirft, dass ich irgendwo hingehen kann ... das is einfach so, wenn man einmal frei ist, will man das nicht aufgeben, nur weil die Mutter mal zufällig eine nette Phase hat.«

Sarah wollte schon im Alter von zwölf Jahren nicht mehr mit ihrer Mutter zusammenleben. Sie ergriff die Initiative und versuchte, mit allen Mitteln in ein Heim zu kommen. **»Ja, im Endeffekt bin ich aufs Jugendamt gangen, und die wollten mich nicht in ein Heim geben, weil sie gmeint haben, ohne das Einverständnis von meiner Mutter geht es nicht, weil sie das Sorgerecht hat und ich bin zu jung, um selber gegen sie zu klagen ... da müsste meine Mutter als Erziehungsberechtigte als Bürge unterschreiben, also es geht nicht ... da bin ich einfach durchdreht, und hab gsagt ›So, jetzt werden wir schauen, ob ich in ein Heim komm!‹ ... hab dann überall dagegen ghaut ... und dann haben sie mich in die Psychiatrie ins AKH gsteckt, weil ich auszuckt bin ... zwei Wochen war ich dort. Ja, ich war schnell vermittelbar, weil ich noch nie auffällig war, nur die Psychiatrie ... und die haben nur bestätigt, dass ich ein gstörtes Verhältnis zu meiner Mutter hab und dass sie daher ein Heim empfehlen, also praktisch, dass ich unter Anführungszeichen unschuldig bin ... sie haben auch gmeint, dass is ein Nervenzusammenbruch gwesen ... also war ich das arme Kind für die und da findet man leichter einen Platz, als für einen Schwererziehbaren.«** Daraufhin wurde Sarah für kurze Zeit in einer sozialpädagogischen Einrichtung untergebracht. **»Also ins Krisenzentrum, dann in eine WG, die haben mich aber dann abglehnt, weil sie rausgfunden haben, dass ich keine Jungfrau mehr bin ... also sie haben Kondome gsehen und gmeint, ich könnt jemand anderm damit schaden ... daweil war ich eh so brav, bin jeden Tag** pünktlich nach Haus kommen, weil ich mir dacht hab, dass will ich mir nicht verderben in der Probezeit. Da waren eigentlich ur die strengen Regeln, man hat um sieben, acht Uhr zu Haus sein müssen, außer mit Sonderregelung, wenn man sich mit wem trifft ... und da ich zwischendurch Schule ghabt hab und der Heimweg schon eine Stunde dauert hat und ich um sechs dort gwesen wär, hätt ich nur eine Stunde oft was machen können und das is sich auch nicht ausgangen.«

ANDREA, 24

Mit Andrea wurden mehrere Interviews geführt, da sie aufgrund ihrer mentalen, psychischen und körperlichen Verfassung kaum in der Lage war, an einem Interview bis zum Schluss teilzunehmen. Das folgende Kapitel ist daher eine Zusammenstellung aus diesen Gesprächen, bei denen auch die wechselnden Sichtweisen Andreas deutlich werden.

Andrea wurde in Wien geboren und wuchs die ersten Lebensjahre mit ihren leiblichen Eltern und ihren Brüdern in einer Wohnung in Wien auf. Danach erfolgte ein Umzug in die Steiermark, wo sie für ein paar Jahre in einem Haus lebten. **»... wir sind wieder nach Wien, weil sich die Mama das Haus hat nicht mehr leisten können.«** Andrea hat in ihrer Kindheit bzw. Jugend auch eine Zeit lang bei ihrer Großmutter gewohnt und war auch in Heimen untergebracht. Sie berichtet außerdem, dass sie bei ihrer Tante lebte, weil sie von zu Hause geflüchtet war. **»Ich war auch bei meiner Tante, weil ich die Gewalt nimmer ausghalten hab ... da war ich zehn Jahre alt.«**

Andrea erlebte von ihrem leiblichen Vater jahrelang sexualisierte Gewalt. **»... mein Vater hat mich missbraucht ... das erste Mal mit zwei Jahren bis zu meinem zwölften, dreizehnten Lebensjahr ... dann bin ich schwanger worden von ihm ... mit zwölf Ich war nicht sehr dick, ich hab nur ein bissl einen Bauch ghabt ... das is nie aufgfallen, dass ich schwanger war. Ich bin ins Spital gangen und hab über Bauchschmerzen klagt, dabei waren das die Wehen. Meine Mutter weiß nix von dem Kind ... ich habs hergeben ... es lebt in der Schweiz bei einer Pflegefamilie.«** Über die damalige Situation im Krankenhaus bei der Entbindung berichtet Andrea: **»Ich hab momentan nicht gwusst was ich sagen soll, aber ich hab gsagt, ich wills nicht.«** Bei einem weiteren Interview erzählt Andrea Folgendes: **»...**

mein Vater hat sich eben dann vergriffen an mir ... von meinem dritten Lebensjahr an bis zu meinem 16. ... zuerst hat er mich mit den Fingern begrapscht und wie ich älter war, hat er sich mit dem Penis vergriffen ... und dann war ich schwanger von ihm ... das erste Kind hab ich kriegt, das zweite auch und das dritte ... also das zweite hätt ich bekommen, hab ich aber verloren, weil er mich in den Bauch treten hat ... und das dritte hab ich abtreiben lassen. Meine Mutter und meine Oma, die haben es nicht gwusst ... die haben es nicht gmerkt ... ich hab ja nicht so einen Bauch ghabt, nur so wie jetzt.« Andrea berichtet, dass sie zwischen 14 und 16 Jahre alt war, als sie das erste Mal von ihrem Vater schwanger wurde. Sie hat zu dem Kind von der Geburt an keinen Kontakt, da sie es zu Pflegeeltern gegeben hat – diese Entscheidung bereut sie bis heute nicht, meint sie.

Andrea hat viele Jahre lang, in denen sie der sexualisierten Gewalt ihres Vaters ausgesetzt war, aus Angst vor ihm geschwiegen. **»... er hat mir mit Mord droht ... ›Wenn du was sagst, bring ich dich um‹, hat er gsagt ... ›oder du kommst zu andere Eltern.‹ «** Ihre Großmutter war laut Andrea die einzige Person, die die sexuellen Übergriffe bemerkt hat. Andrea meint, dass sie durch ihr verändertes Verhalten darauf aufmerksam geworden ist. **»... wie ich mich verhalten hab, die Veränderung ... aggressiv, unruhig ... sie hat mich gfragt danach.«** Sie erzählt auch, dass ihre Großmutter damals den Vater zur Rede stellte. **»... er hat gsagt, ›Das stimmt ja gar nicht, die lügt‹ ... das stimmt nicht ... ich lüg und ... aggressiv is er dann gworden ... dann hat er mich gschlagen und darauf hin hat ihn meine Großmutter rausgschmissen.«**

Auch ihre Mutter realisierte es eines Tages. **»... durch einen Spermafleck auf meinem T-Shirt ... meine Mutter kommt nach Hause und sagt, was is das für ein Fleck und ich sag, das weiß ich nicht ... ich habs schon gwusst, aber ich habs nicht sagen können ... und da hat die Mama dann gsagt ›Das is ein Spermafleck‹, und dann hab ich ihr die Wahrheit gsagt.«**

Bei einem weiteren Interview berichtet Andrea, dass die sexuellen Übergriffe durch eine Untersuchung im Krankenhaus aufgedeckt wurden. **»Da war ich zwischen neun und elf Jahre alt ... ich hab dann gsagt, ich hab Schmerzen da unten und darauf hab ich eine Untersuchung ghabt und die haben festgstellt, dass das gmacht wurde und dann haben sie herumgfragt und ich hab immer Nein gsagt, Nein gsagt und dann hab ich irgendwann Ja gsagt und so sind sie dann drauf kommen.«** Ihre Mutter ließ sich laut Andrea daraufhin sofort von ihrem Ehemann scheiden.

Andrea erinnert sich, dass ihr Vater auch gegenüber ihren Brüdern übergriffig war. **»Dem einen hat er mal den Penis in den Mund ghalten ... ich komm in der Früh raus aufs Klo, in der Nacht wars eigentlich noch ... geh raus, geh aufs Klo und dann seh ich wie er den Kopf bewegt und dann seh ich wie er sein Schwanzi im Mund hat.«**

Ihr Vater benutzte Andrea als sie neun Jahre alt war auch für pornographische Zwecke. Andrea erzählt, dass sie sowohl von ihrem Vater als auch von dessen Freund zu sexuellen Handlungen vor laufender Kamera gezwungen wurde. **»Mein Vater hat mich verkauft an einen Freund, der hat Pornovideos gmacht mit mir ... na ja, entweder haben sie ihn mir einfach reingsteckt oder ich habs halt mitn Mund machen müssen.«** Sie realisierte damals nicht von Beginn an, was mit ihr geschah. **»... am Anfang hab ichs nicht begriffen, aber dann hab ichs mitkriegt.«** Nach einiger Zeit wurde auch ihre Mutter darauf aufmerksam. **»Meine Mutter war eines Tages oben beim Karl und der Karl hat grad das Video laufen wo ich drauf bin und sie sieht das und sagt ›Was machst du da mit meinem Kind?‹ ... na ja und auf einmal war da die Polizei und hin und her und er wurde festgnommen ... der is auch oft nackt, pudelnackt auf der Strasse spazieren gangen und hat einen Mantel anghabt und wenn ein Kind vorbeigangen is ›Willst einen Schlecker?‹ ... gibt ihm einen Schlecker und auf einmal macht er den Mantel auf.«**

Andreas Vater wurde – ebenso wie sein Freund Karl – für seine Tat belangt und zu eineinhalb Jahren Freiheitsstrafe verurteilt. Ihren Vater hat Andrea seit der Entlassung aus der

Haftanstalt einige Male wieder gesehen. **»Auf der Straße … und da hat er mich gfragt, ob ich nicht zu ihm ziehen will, weil er weiß, ich hab keine Wohnung … hat er gsagt ›Kannst zu mir ziehen, musst dich aber ficken lassen von mir und am Strich musst gehen für mich‹ …«** Auf die Frage, was Andrea für ihren Vater empfindet antwortet sie spontan: **»Hass.«**

Das Verhältnis ihrer Eltern war von Streitigkeiten und Konflikten geprägt. Sie erzählt, dass sie 16 Jahre alt war, als sich ihre Eltern scheiden ließen. **»Die haben immer nur gstritten … er hats Geld haben wollen und sie hat gsagt ›Geh hackln!‹ Und darauf is er einbrechen gangen … er stiehlt einen Mercedes und stellt ihn vors Haus und auf einmal kommt die Polizei und nehmens ihn hopp … ich mein, wie kann man so blöd sein, und den Wagen vors Haus stellen. Er war oft im Gfängnis. Immer nur Diebstahl oder Gaunerei wie man so schön sagt.«**

Der Vater war der ganzen Familie gegenüber gewalttätig. Andrea erinnert sich, dass der kleine Bruder von ihm verschont wurde. **»Zum Kleinen war er immer ur lieb und den Großen hat er gschlagen, dem hat er das Trommelfell einghaut.«** Sie schildert eine Situation, in der ihr Vater gegen ihre Mutter gewalttätig war. **»… er is ihr mitn Messer nachgrennt und ich sitz unter dem Tisch und lach … ich fahr mitn Fuß so raus, da stessts ihn drüber und er haut sich selber das Messer rein … damit hab ich der Mama das Leben grettet.«** Andrea erinnert sich weiter: **»Er hat immer gspielt mit mir wenn ich klein war … in die Pampers-Schachtel reingsetzt und hat mich gschaukelt, und auf einmal reißt die Schaukel auf einem Henkel und ich flieg raus und einen Meter vorm Fenster steht meine Mutter und wenn mich die nicht abfängt, flieg ich raus aus dem Fenster.«**

Andrea erzählt, dass sie im Alter von acht Jahren bei einem Psychiater gewesen ist. **»Der hat mich nur vorn Computer gsetzt und hat mich durch die Kamera beobachtet und da hab ich den ganzen Raum zsammghaut … wegen einem richterlichen Urteil … wie ich psychisch beinand bin … da bin ich dann eingwiesen worden in eine psychiatrische Klinik im AKH …**

Kinderpsychiatrie und da bin ich niedergspritzt worden ... das hättens gar net machen dürfen.«

Positive Erinnerungen an ihre Kindheit verbindet sie mit ihrer Großmutter, die sie sehr geliebt hat. **»Urlaub in Kärnten mit der Oma ... da sind wir oft wandern gangen ... meine Oma war eine Schwammerlsucherin, die is leidenschaftlich Schwammerl suchen gangen, oder wie heißen die lilanen Blumen, die was ausschauen wie Glocken ... Blumen oder Schwammerl hat sie immer gfunden, auch Eierschwammerln, einmal hat sie so einen großen Pilz gfunden, so groß und so hoch ... ein Steinpilz, da hats uns gleich eine Steinpilzsuppe kocht.«** Für Andrea war ihre Großmutter der einzige Mensch, von dem sie liebevolle Zuwendung erfuhr. **»Bei meiner Oma ... sie hat mir geben Liebe, Geborgenheit, Streicheleinheiten, Zärtlichkeit, Gespräche, Freundschaft, Treue, kumpelmäßig.«** Diese Gefühle wurden Andrea von ihrer Mutter kaum vermittelt. **»... nicht so wirklich ... sie hat mirs nicht zeigt.«** Der Tod der Großmutter war ein schwerer Schlag für Andrea, den sie selbst als Wendepunkt in ihrem Leben bezeichnet. **»... was mich sehr enttäuscht hat ... der liebe Gott hat mich sehr enttäuscht, weil er mir meine Oma gnommen hat ... das war meine große Liebe ... die hab ich über alles geliebt. Sie war mein einziger Halt. Ich hab durchdreht wie sie gstorben is ... ich hab mich angsoffen und einen Kieberer verprügelt ... der schimpft mich und ich sag zu ihm ›He du, ich hab grad meine Großmutter verloren, bitte ein bissi sanfter wenns geht‹ und er sagt ›Du Hurenkind, was willst du eigentlich von mir?‹ ... und drauf hab ich rot gsehen, hab ihm dem Schlagstock aus der Hand grissen, mit dem er mich die ganze Zeit prügelt hat, und hab ihm das Kiefer und das Jochbein brochen ... da hats angfangen das Pech.«**

Andrea ging in der Steiermark in die Volksschule und danach in Wien in die Allgemeine Sonderschule. **»Ich war ein schwieriger Fall ... hab der Lehrerin sogar einen Blumenstock nachgworfen, weil sie Hurenkind zu mir gsagt hat ... bin ich ausgrastet und hab ich ihr den Blumentopf nachgworfen. Ich war in der Sonderschule ... weil ich zu faul war ... ich hab mir alles**

machen lassen, ich hab nie was selber gmacht, warum auch, wenns andere dazu gibt, hab ich mir immer dacht ... jetzt weiß ich warum.« Sie erwähnt auch, dass sie in der Schule immer eine Außenseiterin war und bezieht das auf die Vergewaltigungen durch ihren Vater. **»... ich bin aggressiv worden, hab mir nix gfallen lassen, zu mir hast nur ein Wort gsagt, und ich bin explodiert.«**

Andrea hat auch Erfahrungen mit Heimunterbringungen gemacht. **»Wegen meinem Vater, weil er mich missbraucht hat, deswegen bin ich in ein Heim kommen, aber es war auch lustig ... weißt eh, da sind wir übers Dach, übern Balkon, sind wir runterkraxelt ... aufs Dach rauf und haben uns runterlassen und sind abghaut ... um Punkt Sieben ... die haben ja nie nachgschaut ... um Punkt Sieben wenns gläutet hat, sind wir wieder in die Zimmer gwesen. Ich war in der Gumpendorferstraße, Stadt des Kindes ... ein Jahr lang ... nur im Stadt des Kindes.«** Bei einem weiteren Interview erzählt Andrea, dass sie in einem Krisenzentrum für beinahe ein Jahr untergebracht war. Ihren damaligen Sozialpädagogen hat sie in positiver Erinnerung. **»Alles okay war nicht, aber ich hab einen guten Betreuer ghabt, den Christian, der hat sich immer kümmert um mich, mit dem haben wir immer Spaß ghabt ... der war lustig.«**

Andrea kam mit 14 Jahren das erste Mal mit Suchtmitteln in Kontakt. Sie beschreibt ihren Einstieg in die Drogenszene und ihre damaligen Gefühle folgendermaßen: **»... der Wind der Freiheit irgendwie, aber irgendwie doch gfangen ... ergeben hat sich das durch Freunde, na geh probier, und da ... das erste Mal hab ich einen Joint graucht, dann hab ich Magic-Pilze heißen die, die hab ich gnommen ... dann einen Trip und anschließend dann schon die harten Drogen ... zuerst rauchen, Heroin auf der Folie rauchen ... ich bin süchtig drauf worden ... ich habs dann jeden Tag schon gmacht und dann hab ich angfangen mit der Nadel ... da war ich 16.«**

III. GRÜNDE UND URSACHEN

Die Gründe und Ursachen für den Prostitutionseinstieg der Mädchen sind vielfältig. Eindimensionale Erklärungsversuche greifen hier eindeutig zu kurz, da es keine zwingende Kausalität zwischen gemachten bzw. erlebten Erfahrungen und dem späteren Einstieg in die Prostitution gibt. Es zeigt sich vielmehr, dass der Einstieg in die Prostitution oftmals prozesshaft verläuft und multifaktoriell bedingt ist. Gewisse Komponenten an ungünstigen biographischen Lebensumständen, ziehen sich bei den meisten der Mädchen und jungen Frauen durch ihre Geschichten. Die folgende Einteilung kann in keiner Weise generalisiert werden, sondern nur als skizzenhafter Erklärungsversuch verstanden werden und trifft sicher auch nicht auf jedes sich prostituierende Mädchen zu.

Silbert und Pines[52] teilen die Gründe, die für den Einstieg von Jugendlichen in die Prostitution verantwortlich sein können, in drei Kategorien ein; in »predisposing factors«, »attracting factors« und »precipitating factors«. Anhand ihrer Einteilung werden im Folgenden die Ergebnisse der Studie dargestellt.

52 Silbert/Pines, 1982:472; zit. n. Partenheimer, 1997:111

»PREDISPOSING FACTORS«

Hierzu werden alle biographisch-familiären Faktoren gezählt, die die Vergangenheit der jungen Frauen geprägt haben. Aus den Schilderungen geht hervor, dass die meisten Mädchen in folgenden Bereichen Erfahrungen gemacht haben:

- **Grenzüberschreitungen und traumatische Erlebnisse:**
  - In Form von sexualisierter Gewalt wie Übergriffen, Vergewaltigungen oder auch Nötigungen zu pornographischen Zwecken
  - In Form von psychischer Misshandlung wie Nichtbeachtung, Vernachlässigung, abwertendem Verhalten
  - In Form von physischer Gewalt

- **Ungünstige Vorbilder:** Beispielsweise Elternteile, die selbst Substanzen konsumieren und infolgedessen durch ihr Verhalten oft unberechenbar wurden

- **Verlust wichtiger Bezugspersonen**, wie z.B. der Tod der Mutter oder der Großmutter

- **Wechselnde Lebensorte:** Oft schon Heimaufenthalte im Kindesalter bzw. dauerhafte Unterbringungen und auch Weitervermittlung von einem Heim in das nächste

- **Neue Partnerschaften** des alleinerziehenden Elternteils und dadurch auch oftmals **neue Familienmitglieder**: Häufig haben sich gerade die Mütter kaum mehr für ihre Töchter interessiert und ihre Aufmerksamkeit dem neuen Partner gewidmet.

»ATTRACTING FACTORS«

In diese Kategorie fallen sämtliche Faktoren, die als angenehme und reizvolle Momente in der Prostitution verstanden werden.

▶ **Die unattraktive Arbeitsmarktlage:** Ein Aspekt, der in diesem Zusammenhang eine Rolle spielt, ist »...der objektive Mangel an Alternativen und der subjektive Mangel an Durchhaltevermögen, sprich Frustrationstoleranz.«[53] Zum Mangel an Alternativen zählt vor allem die ungünstige Situation am Arbeitsmarkt, die als einer der gesellschaftlichen Hintergründe der Jugendprostitution angesehen werden kann. Eine Expertin gibt in diesem Kontext an, dass die Jugendlichen den steigenden Konkurrenzdruck am Arbeitsmarkt spüren und häufig ein Mangel an Orientierung und Perspektiven besteht. Die Mädchen sind oft Schulabbrecherinnen und viele berichten, dass sie Probleme hatten bzw. haben, einen regulären, fixen Job oder eine Lehrstelle zu finden bzw. zu behalten. Diese Faktoren haben Auswirkungen auf die Motivation der Jugendlichen und infolgedessen meiden sie »...Leistungs- und Bewährungssituationen, denn Erfolgserlebnisse konnten sie selten für sich verbuchen.«[54] Die Auswirkungen auf junge Menschen, keinen Anschluss an die Arbeitswelt zu finden, können gravierend sein, da Arbeit ein wichtiges sinnstiftendes Element der Persönlichkeits- und Identitätsentwicklung ist.[55]

▶ Auch das **Konsumverhalten** spielt eine wesentliche Rolle. Einige Mädchen und junge Frauen gehen vorrangig zum Erwerb von Luxus- bzw. Markenartikeln anschaffen.

---

53 Millhagen, 1986:108
54 Millhagen, 1986:109
55 Strehmel/Ulich, 1998:1088

Zwei Expertinnen berichten in diesem Kontext: »**Also ich hab auch schon Mädchen gehabt, die gesagt haben, ich geh aufn Strich, dass ich mir meine Kleider kaufen kann, tolle Schuhe und Taschen und alles.**« Oder: »**... wir hören das auch immer wieder, dass auch aus Jugendwohnungen Mädchen anschaffen gehen hier ... für ne Uhr, für dies und das.**«

▸ **Selbstkontrolle und Eigenregulation:** Viele der befragten Mädchen wollen v.a. selbstbestimmt, d.h. ohne Mitsprache von Erwachsenen, von denen sie fast durchgängig nur enttäuscht wurden, leben. Sie möchten Chefinnen in ihrem Leben sein, keine Verpflichtungen eingehen und häufig auch keine Verantwortung übernehmen. Ihr Misstrauen gegenüber und ihre Ablehnung von Erwachsenen sind sehr groß. Auch Tiede sieht in dem Prostitutionseinstieg eine klare Entscheidung der Mädchen »ohne die Erwachsenen erwachsen zu werden«[56]. Die Ursache, keine Verpflichtungen eingehen zu wollen, hängt stark mit ihrer Sozialisation zusammen. Sie haben nicht erfahren, dass sie sich auf andere verlassen können – weil sie auch meist keine positiven Vorbilder hatten, die ihnen das vorleben konnten.

▸ **Reiz des Verpönten – Suche nach Abenteuer:** Für manche Mädchen übt auch das Milieu mit all seinen verbotenen und gesellschaftlich wenig akzeptierten Komponenten einen Reiz und eine Anziehung aus. An ihm haftet etwas Geheimnisvolles, das »gleichzeitig anziehend und abstoßend«[57] ist. »Das Milieu ist darüber hinaus Abenteuer, Tabubruch, sie tun Etwas, was anderen Kindern und Jugendlichen verboten ist.«[58]

56 Tiede, 1997: 74
57 Tiede, 1997: 80
58 Tiede, 1997:82

»PRECIPITATING FACTORS«

Zu diesen Faktoren zählen situative Auslöser, die sich – wie aus dem Begriff abzuleiten ist – aus der Situation heraus ergeben und spontan sind.

▸ **Finanzierung des Lebens:** Insbesondere Ausreißerinnen respektive obdach- bzw. wohnungslose Mädchen und junge Frauen unterliegen dem Druck, ihre Existenz durch schnellen Gelderwerb abzusichern. Hier wird die Prostitution genutzt um sich Lebensmittel, Kleidung oder auch Zigaretten zu finanzieren.

▸ **Beschaffungsprostitution:** Viele der Mädchen, die anschaffen gehen, sind suchtmittelabhängig. Die Prostitution bietet ihnen eine der günstigsten Möglichkeiten, in kurzer Zeit relativ viel Geld für die benötigten Suchtmittel zu erwerben.

▸ **Peergroup & Partner:** Die Verlockung durch FreundInnen stellt ein weiteres wesentliches Einstiegskriterium dar. Die Mädchen prostituieren sich dann meist um in ihrem Freundeskreis anerkannt zu werden bzw. FreundInnen zu finden; beispielsweise wird mit dem verdienten Geld bestimmte Kleidung gekauft oder werden Diskobesuche finanziert, für die ihr Taschengeld oder ein Zusatzverdienst neben der Ausbildung nicht ausreichen würde[59]. In einigen Fällen führen dann auch Freundinnen andere in die Prostitution ein, indem sie ihnen den Strich zeigen und sie auch bei Geschäften zuschauen lassen. »Nehmen Kinder und Jugendliche die Prostitution auf, muss zuvor schon irgendeine Form der Beziehung zum Prostitutionsmilieu vorhanden sein … Dies

---

59 vgl. Jahresbericht Dortmunder Mitternachtsmission, 2003:53

können Freundinnen und Freunde mit einschlägigen Erfahrungen sein oder Klassenkameraden mit speziellem Insider-Wissen.«[60] Auch Millhagen unterstreicht den Einfluss der FreundInnen, indem sie schreibt, dass Mädchen nur sehr selten den Weg ins Milieu alleine gehen; meist haben sie eine Freundin, die diesbezüglich schon Erfahrungen hat.[61] Häufig werden die Mädchen aber auch von ihren Partnern zum Anschaffen gezwungen bzw. genötigt um auf diese Weise – vorwiegend für Drogen – Geld »aufzustellen«.

▶ **Einsamkeit:** Bei fast allen interviewten jungen Frauen existiert ein massives Gefühl von Einsamkeit. Um diese Einsamkeit zu überwinden, können daher auch Geschäfte mit Freiern sozialen Kontakt, ein Gefühl von Interesse an ihrer Person und Zuneigung bzw. Beachtung erzeugen. Newman und Caplan sehen in dem Versuch, die Einsamkeit durch Prostitution zu überwinden, eine Form des Copings.[62]

▶ **Keine bewusste Entscheidung für die Prostitution:** Aus den Erzählungen der Mädchen geht hervor, dass der Eintritt in die Prostitution nicht zwangsläufig geplant sein muss. Es wurde in Berichten deutlich, dass sie von Freiern unvorbereitet, z.B. auf dem Weg nach Hause dazu aufgefordert wurden.

60 Partenheim, 1997: 115
61 vgl. Millhagen, 1986: 24f
62 vgl. Newman/Caplan, 1982:131; zit. n.: Partenheimer, 1997:117

IV. EINSTIEGSSZENARIEN UND GEFÜHLE BEIM ERSTEN MAL

Die befragten Mädchen und jungen Frauen sind durch unterschiedliche Situationen zur Prostitution gekommen. Manche von ihnen wurden von ihren Partnern, FreundInnen oder anderen Personen genötigt oder dazu aufgefordert. Andere mussten ihren Körper aufgrund einer bestehenden Substanzabhängigkeit verkaufen, da sie sich die Drogen sonst nicht finanzieren hätten können. Die meisten hatten ihre erste sexuelle Dienstleistung gegen Bezahlung in einem Rauschzustand, ohne den sie die Prostitution kaum ertragen hätten. Für fast alle war dieses erste Mal mit Ekelgefühlen verbunden.

Jenny wurde mit 16 Jahren von ihrem damaligen Freund auf den Strich geschickt: **»Das erste Mal mit 16. Ich hab einen Typen ghabt ... also ich war zsamm mit jemanden. Der war älter als ich, also um circa fünf, sechs Jahre ... der war Alkoholiker und der hat mich am Strich gschickt ... im zweiten Bezirk ... das Geld hat er eigentlich fast alles kassiert.«**

Mercedes war 14 Jahre alt, als ihre Freundin sie in die Prostitution einführte: **»... also ich war drei Wochen mit ihr[63] unterwegs und dann bin ich gleich in die Hackn gangen ... sie hat mir das zeigt ... na pass auf, ich frag den Gast obsd mitfahren darfst, und dann hab ich gschaut und gsehen was sie macht und dann hat sie gsagt ... und willst auch dabei sein ... am Anfang hab ich gsagt ›Nein‹, aber dann hab ich gsagt ›Ja‹, weil er gsagt hat, er zahlt mir mehr ... 30 Euro ... und dann hab ichs gmacht ... da war ich 14 ... am Anfang hab ich ihr das Geld immer**

63 Damalige Freundin

geben und dann hab ich mir dacht, bin ich deppert, dass ich für sie in die Hackn geh, machs selber ... dann bin ich picken blieben ... ich kann mich nur erinnern ... weil am Anfang hab ich nur Französisch gmacht, das hab ich mir nicht traut am Anfang ... ich muss aber ehrlich sagen ... gschlafen hab ich schon mit ihnen, aber ich kann mich nimmer erinnern wann das erste Mal war ... seitdem ich mit ihr das Heroin graucht hab, seit dem is das gangen bis jetzt vor einem Jahr ... ganze acht Jahre lang ... ich bin nie wegkommen von dem[64], nie.«

Janina kann sich an ihr erstes Mal kaum erinnern, da sich die damals 15-Jährige in einem Drogenrausch befand: »**... der[65] hat mich angejunkt und hat mir halt zeigt, wie man am Strich geht und die ganzen Sachen ... und dann hab ich das mal ausprobiert. Es war einfach ein grausliches Gefühl und ich hab mich so mit Drogen vollpumpt, dass ich das eigentlich nimmer mitkriegt hab wirklich ... weil als Nüchterner kannst du es nicht machen ... also ich kann es nicht machen ... ich könnt jetzt nie so wie ich jetzt bin, am Strich gehen ... ich könnts nicht ... ich mein, taugt hats mir nicht, aber man macht halt viele Fehler im Leben.«**

Nicole war 14 Jahre alt, als sie unvorbereitet von einem Freier zu sexuellen Dienstleistungen aufgefordert wurde: **»Bin ab und zu herkommen[66], dann war ich eigentlich eh regelmäßig da ... also hab dann dort auch mit der Rita gschlafen ... dann haben die Drogen angfangen und das Schnorren geht auch nicht immer super und wie kriegst jetzt ein Geld, dass du Drogen kriegst ... wir haben nicht immer zsamm gschlafen ... einmal war ich allein und da bin ich da in der Nacht spazieren gangen, also wollt hintere gehen zu den Bahnwagons, da wars drei Uhr oder was ... und da is dann ein Auto bei mir vorbeigfahren ... is stehen blieben und hat gfragt, ob ich mir was verdienen will**

64 ihr Heroinkonsum
65 Ein Junkie, den sie bei sich einziehen ließ
66 Westbahnhof

und so hat sich das eigentlich dann entwickelt ... hab zwei, drei Gschäfte gmacht und hab mein Geld ghabt.«

Stella wurde von ihrer damaligen Freundin unter Druck gesetzt und hatte ihr erstes Mal Sex gegen Geld mit 13 Jahren:

»Meine Freundin die hat in der Nähe von mir gwohnt und da war eine Baustelle, ein Gerüst, und da hat so ein Arbeiter garbeitet und der wollt halt immer was von ihr und sie hat dann auch für Geld mit ihm gschlafen ... und hat aber mir dann versucht, das auch einzreden, immer wieder und immer wieder, und ich wollt am Anfang nicht und dann hat sie die Freundschaft aufs Spiel gsetzt und hat gsagt, wenn ich das nicht mach, is die Freundschaft aus ... und ich bin damals sehr an ihr ghangen und dadurch hab ich angfangen. Mit 13. Ja, ich hab schon gwusst, was ich mach, aber wohl gfühlt hab ich mich nicht dabei ... Scheiße. Ein Jahr nur mit dem ... und dann hab ich mit ihr keinen Kontakt mehr ghabt und dann bin ich durch Freunde am Babystrich im Zweiten gangen ... ich bin nimmer rauskommen aus dem Ganzen.«

In Andreas Erinnerung existieren zwei unterschiedliche Einstiegsszenarien[67]:

»Das erste Mal bin ich mit zwölf gangen ... auf der Mariahilferstraße. Da hat mich mein Vater gschickt ... am Abend ... ›Du bringst ein Geld nach Haus, wenn nicht, gibts Watschen‹ ... einfach mich hinstellen und schön lächeln ... schirch, das war ganz schirch ... beim Westbahnhof hinten wo die Züge sind ... und dann is einer kommen, der war schon reich ... 1000 Schilling hab ich kriegt ... wer kann sich einen Cadillac leisten, wenn er arm is. Groß, 1,90, sportlich, grau meliertes Haar 36 oder so ... und Paul hat er sich gnannt. Was ich mach, und ich hab gsagt, ich weiß nicht, was du machen willst ... er hat gsagt, er möcht Verkehr und Französisch, und ich sag zu ihm, was Französisch sei, und sagt er, blasen, und ich sag, okay und hab mir nix dabei dacht ... mit zwölf Jahren denkst dir, das ist nix Schmutziges ...

67 Mit Andrea gab es mehrere Interviewtermine.

und dann hat mich der gschlagen ... gschlagen ... ich hab so ein blaues Aug ghabt und da is mein Vater dazwischen gangen und hat ihm eine betoniert. Ich hab mir dacht, das is normal, das ghört so ... das sei nix Unanständiges und darauf hab ichs normal dann weiter gmacht.«

»16, 17 war ich ... ich hab die Drogen braucht ... im Zweiten. Das haben mir die gsagt, die Freunde. Eklig ... das war so abstoßend ... so, das musst du machen ... er zahlt ja und da musst du ihm den Gfallen machen, wenn er dafür Geld zahlt ... dann hat er gmeint, er möchte ohne Kondom und hin und her ... nein, das mach ich nicht ... da hat er mich gschlagen ... Scheiße.«

Babsi war ungefähr 17 Jahre alt, als sie aufgrund ihrer Substanzabhängigkeit das erste Mal anschaffen ging: **»Ich glaub das hat irgendwie Hand in Hand mit dem Gift angefangen ... weil nachdem ich nix mehr ghabt hab daheim, was ich verkaufen hab können, so Fernseher oder so ... eine Freundin von meinem Ex hat mir zeigt, wo man hingeht und am Anfang war ich beim Westbahnhof oben, dort die Gegend bin ich herumkrebst ... und irgendwann kommst du dann dahinter, wie es funktioniert ... lernst immer mehr Leute kennen ... hupfst dann von dort nach da ... zweiter Bezirk. Da muss ich 16, 17 gwesen sein ... weil das war eben wie ich das[68] gschmissen hab ... da hat das angfangen so richtig. Ich war meistens auf der Straße ... hin und wieder war ich in so Privatwohnungen, so Club oder Bar nie. Das erste Mal ... ich bin die ganze Nacht übern Klo ghängt, hab mich die ganze Zeit übergeben ... mir is es furchtbar gangen, ich hab dauernd glaubt, ich muss sterben ... wirklich ... hab immer Angst ghabt, dass ich tot umfall ... er hat gsagt, ›Ja das is eh normal, das ghört so‹ ... mein Freund, er war glaub ich 26 wie wir zsammkommen sind, hat das damals gsagt ... ›Das ghört eh so, so fühlt man sich da immer‹ ... recht hat er ghabt ... man fühlt sich immer Scheiße.«**

68 die Lehre

Carina hatte mit 16 Jahren das erste Mal Sex gegen Geld: **»Ehrlich gsagt kann ich mich an das erste Mal gar nicht erinnern, weil ich war in so einem Rauschzustand die ganze Zeit ... das war im zweiten Bezirk, im Stuwerviertel.«**

Rita war 13 Jahre alt, als sie zum ersten Mal anschaffen ging: **»Da im 15., da die Straße. Kurz nach 13. Ich hab Angst ghabt ... viel Angst. Zum Beispiel, ich mach was für ihn und er gibt mir aber dann kein Geld ... das waren halt die ersten Gedanken ... nicht, dass sie mich jetzt entführen können, das wars nicht ... aber du hast trotzdem Angst, egal ob du da jetzt fünf Jahre stehst oder zwei Jahre ... du hast trotzdem immer Angst ... egal, ob du wen kennst oder nicht kennst, ob er dir Geld gibt oder nicht.«**

Sarah wurde als Zehnjährige von einem Bekannten ihrer Mutter für sexuelle Dienstleistungen vermittelt[69]: **»... nach zwei Tagen wollts[70] mich immer noch nicht reinlassen ... da war ich eben noch nicht ganz elf. Erst war ich zwei Tage bei meinen Großeltern wie sie mich dann immer noch nicht reinlassen wollt ... nur da hab ich nur über Nacht bleiben können und gleich in der Früh wieder gehen müssen ... dann bin ich zu einem Ex-Fick-Freund von ihr[71] gangen, der zwischendurch immer wieder kommen is ... ein paar Tage is er blieben, dann is er wieder gangen ... da hab ich ihn troffen und hab halt bei ihm übernachtet für ein paar Wochen ... dadurch bin ich auch in das Milieu kommen ... also er hat mich zu nix zwungen oder so ... ich hab bei ihm so ein winziges Kabinett ghabt mit so einem Klappbett, ziemlich schmal, einen alten Schwarz-Weiß-Fernseher hat er aus dem Keller rausgholt und hat halt gschaut ... also ich hab den Schlüssel von der Wohnung von meiner Mut-**

---

69 Dieser Vorfall ereignete sich zwar in einer Zeit, die Sarah als »Das Leben vor dem Strich« bezeichnet – für sie stellte dieses Erlebnis totzdem ihren Prostitutionseinstieg dar.

70 ihre Mutter

71 der Mutter

ter damals noch ghabt, den hat sie mir erst später weggnommen und hab mir wie sie weg war ein paar Sachen gholt zum Anziehen ... er hats mir gwaschen ... ich hab Essen kriegt, Zigaretten, wenn er da war, hat er mir ein paar geben ... ich hab halt nicht das ganze Packerl am Tag rauchen können, aber bissi mitrauchen hab ich können ... und dann is halt ein Bekannter von ihm kommen und hat halt gmeint, also wie ich anwesend war ... da war ich zwei Tage vor meinem elften Geburtstag ... ob er mich nicht bla bla bla vermittelt und so ... er hat gmeint, ich bin zu jung ... ich muss dazu aber sagen, die meisten haben mich auch eingschätzt auf 13, 14 und im Endeffekt hat er halt gfragt, ob ich das will ... der war schon fast dabei, es mir auszureden. Privat eben ... von einem Typen, der das mag eben ... also eh ein netter Typ, der is immer ... in dieser Wohnung hats einen Vorraum geben, man hat die Tür extra abschließen können ... der hat immer gwartet, wenn ich da einen Mucks von mir geben hätt oder nachher irgendwas gsagt hätt, wär der Typ tot gwesen ... wenn der irgendwas probiert, was ich nicht wollen hätt ... sein Gsicht hätt ich dann nachher nimmer wieder erkannt ... also von dem her hat er wirklich aufpasst. Das waren 30.000 Schilling, 20.000, die ich kriegt habt, also ein Drittel hab ich abgeben müssen, is aber irgendwie logisch ... er hat Raum zu Verfügung gstellt, er hat aufpasst ... er hat das auch nicht allein behalten, er hat den anderen Typen auch die Hälfte davon abgeben müssen ... also ich find es war fair, weil ich hab mehr Geld verdient, als ich auf der Strasse jemals haben könnt ... obwohl ich was abgeben hab ... das erste Mal waren es eben 30.000, hab davon zwei Drittel bekommen, also 20.000 Schilling ... und danach waren es ... die meisten haben dann so 6.000 bis 9.000 zahlt und davon auch wieder zwei Drittel, also hab ich eben 4.000 bis 6.000 Schilling ghabt .... auf der Straße hätt ich mich mit ein, zwei begnügen müssen. Es ging eigentlich von dem Freund von ihm aus, weil er selber mit Drogen nix am Hut haben wollt ... und da hab ich halt Heroin und Kokain bekommen ... hab mir halt dacht, ja super, ich möcht das jetzt ausprobieren ... das war eigentlich mehr die Neugierde als dass ich was braucht hätt, dass ich jetzt ... weiß ich nicht. Der Sex mit den Männern hat mir eigentlich überhaupt nix ausgmacht ... das war fad ... weil ich war in dem Punkt sehr frühreif, weil meine Mutter wurde immer als Schlampe bezeichnet, da hab ich mich einfach für das Thema interessiert, hab die ganzen Heftln glesen, wo Mädchen so ... ich hab aber immer gfragt, wie is was ... in dem Punkt hab ich meine Mutter einfach gfragt ... aber die Neugierde auf die Drogen war natürlich stark, die war enorm ... grad in dem Alter ... ha, jetzt bin ich ein böses Mädchen. Er hat mich eben auch für 13, 14 eingschätzt ... danach is er mit dem Kopf zweimal gegen die Wand glaufen, weil ers nicht packt hat. Ja, es waren nicht ganz zwei Monate. Ja, also viermal insgesamt. Einer war glaub ich erst 22 und die andern waren so zwischen 35 und 45 ... mir war es eigentlich im Prinzip egal. Das is größtenteils eigentlich auch über seinen Freund glaufen ... er hat eher generell das Organisatorische übernommen, sein Freund hat eigentlich die Männer auftrieben und ein paar Mädls eben auch ... er selber hat auch Mädls ghabt, also der Typ von meiner Mutter. Ich bin mir sicher, dass sie das irgendwie vermutet ... ich mein sie hat über alles andere über ihn Bescheid gwusst ... normalerweise waren die Mädls halt zwischen 15 und 18, die er ghabt hat, zwar minderjährig aber so alt, dass das ... die haben ihre eigenen Zimmer oder Wohnungen ghabt ... so im Hotel ... Monatstarif, wenn irgendwer anderer einen Ausweis ghabt hat, oder sie selbst einen ghabt haben, wegen der Eintragung ... ein paar davon haben auch auf der Straße was gmacht, aber die meisten auch Privatvermittlungen ... ich hab deswegen so selten Vermittlungen ghabt, weil ich eben mehr Geld dafür kriegt hab ... die guten Typen hab hauptsächlich ich bekommen, also wenn einer jetzt mehr wollt, hat er natürlich eine andere auch kriegt, aber ... wenn er nur eine wollt, hat er sofort mich hergrufen. Er hat meine Mutter kannt ... er hat einfach gwusst, dass er mich da aufnehmen muss ... alles besser als meine Mutter... ich hätt eigentlich gar keine Drogen braucht ... er hat gmeint, also Angebot und so. Ja, ich habs eigentlich erst ein Mal ... nein zwei Mal probiert zu ziehen und beide Male hab ich bevor es ganz in der Nase war kotzen müssen ... rauchen hab ich einmal probiert und hab mich übergeben, ich bin da sehr empfindlich auf die Geschmäcker. Das Problem war dann, es hat irgendwer die Polizei grufen und die sind dann da eben reinkommen ... haben mich eh nicht dawischt ... meine Mutter hat auch keine Abgängigkeitsanzeige gmacht ... also hat er wegen mir keine Probleme kriegt ... er ist wegen den Drogen aufgflogen ... aber Mädls haben eh nur die 18-jährigen die Aussage gegen ihn gmacht. Also außer mir waren die jüngsten eigentlich 15 ... eine war ein Monat jünger als 15 ... und eigentlich hat er mir das Angebot nur gmacht, weil meine Mutter so bescheuert is ... weil er mich für 13, 14 mindest eingschätzt hat. Ja, er hats ja mitkriegt, wie meine Mutter is ... und durch diesen Freund von ihm hat sich das so ergeben ... und im nachhinein hat er dann noch gfragt ›Is das eh in Ordnung, willst dus vielleicht nicht mehr machen?‹ ... aber ich hab mir halt auch dacht ... er hat mir halt absichtlich nicht zu viel boten jetzt, das muss man auch sagen, er war ein Fremder und hat mich ernährt, ich hab sogar einen Fernseher ghabt und er wollt halt mir jetzt nicht das ärgste Taschengeld geben, dass, wenn ich doch zu meiner Mutter zurück muss, dass mir dann noch schlechter geht, wenn ich schon mal wirklich was Gutes gwohnt war ... und hat mir sogar dass Angebot gmacht, dass er mir den Farbfernseher vom Schlafzimmer reinstellt oder dass ich halt die Wohnung zsammräum und dass er mir dafür was zahlt, aber er is trotzdem wegen Zuhälterei verurteilt worden ... sie waren halt beleidigt und waren halt so gierig und wollten auch 5000 Schilling verdienen ... es geht einfach ab einem bestimmten Alter nicht mehr, dass man dauernd Typen, die so viel Geld haben, kriegt ... einen 1000er hat jede mindestens ghabt ... manche wollten einfach mehr, weil er ihnen selten Typen vermittelt hat ... welche die bereit sind, was zu zahlen für eine Ältere findet man schwer ... sie[72] haben anklopft und sich halt richtig aufgführt, weil diese zwei Mädls,

72 die Polizei

die über 18 waren, ihn zu Fleiß anzeigt haben, weil er ihnen weniger Typen vermittelt hat. Mich haben sie zu meiner Mutter zurückbracht, die natürlich dann ... sie weiß, dass ich dort war ... ja, ja die is schon seit zwei Monaten weg... das müssen wir aber anzeigen! Und Sie müssen wir auch anzeigen, weil Sie keine Anzeige gmacht haben! Nein, das streitet sie alles ab und so ... is zum Anwalt eben kommen, sie hat abgstritten, ich hab auch abgstritten, weil ich keine Schwierigkeiten machen wollt ... ich hab gmeint, ich war nur so dort, na ja, wenn meine Mutter weg war, hat er auf mich aufpasst und so ... ich mein, ich hab nicht gsagt, dass da nie irgendwas war ... wir haben uns geschlossen geweigert ... so unter dem Vorwand, ich bin Jungfrau und möcht nicht das da irgendwer in mich reinschaut ... wenn, dann darf das nur mein Freund sein ... meine Mutter hat das gleiche gsagt ... also haben sie nicht mal Beweise ghabt, dass ich keine Jungfrau mehr bin ... ich hab mich weigern dürfen, sie können niemand zwingen, eine gynäkologische Untersuchung zu machen ... also wenn sich meine Mutter auch weigert und ich mich weigere, haben sie nix machen können.«

V. ÜBERLEBENSWILLE – »... ich bin ein Stehaufmandl ...«

Die Mädchen und jungen Frauen, die sich auf dem Strich prostituieren, haben alle eines gemeinsam, nämlich einen unglaublichen Überlebenswillen. Tagtäglich kommen sie in extrem gefährliche Situationen, die sie in irgendeiner Form meistern müssen, um zu überleben. Übergriffe von Freiern, Gewalt von ihren Partnern, der Konsum von Suchtmitteln, die Flucht vor der Exekutive und die Suche nach Übernachtungsplätzen sind nur einige der zahlreichen Belastungen, denen sie ausgesetzt sind. Zusätzlich führt das Image ihrer Tätigkeit auf dem Strich zu negativen Selbstwertgefühlen und Isolation. Die sich prostituierenden Mädchen haben jeweils unterschiedliche Ressourcen, die sie am Leben halten und ihnen helfen, all diese Strapazen ertragen zu können.

Auch eine Expertin teilt diese Sichtweise: **»Also die haben unendlich viele Ressourcen würd ich denken ... einen unheimlich starken Überlebenswillen, weil sie könnten sich jeden Tag ins Jenseits befördern ... das heißt, sie kämpfen und es gibt wirklich Ressourcen der Organisation, also wie organisiere ich mir mein Leben, wie krieg ich im Winter irgendwie ein Dach übern Kopf, das heißt, sie sind da irgendwie perfekte Lebenskünstlerinnen im Prinzip auch, das Ganze hat immer seine Grenzen, aber es gibt Frauen, die dealen, das sind Geschäftsfrauen ohne Ende, also wenn man das durchziehen würde, könnten die richtig gut sein ... vom Auftreten her, die sind echt gut ... also manche, nicht alle, sind auch so in der Interaktion gut, also die wissen genau, was wir hören wollen, die können ins Gespräch gehen, können in Kontakt gehen ... und dann gibts einfach auch welche, die haben mit Sicherheit auch was drauf, aber die sehr versteckt sind ... und wir versuchen schon, diese Ressourcen auch zu wecken.«**

Jenny antwortet auf die Frage, was ihr hilft zu überleben: **»Ich bin eine Kämpfernatur, ich bin ein Stehaufmandl ... schon, ja und ich hab doch auch eine Willenskraft.«**

Babsi führt die Tatsache, dieses Leben zu meistern, hauptsächlich auf eine familientypische Eigenschaft zurück. Für sie steht fest, dass sie irgendwann auch ein gutes Leben führen wird, das sie vor allem über das Einkommen definiert: **»Das ist wahrscheinlich die Sturheit, die meine ganze Family intus hat, die ich auch hab ... weil ich mir denk, okay, jetzt hab ich zwar nicht viel Geld und kann mir nicht viel leisten aber das ändert sich sicher auch ... weil man muss ja nicht immer da bleiben und es gibt auch Orte wo du mit genau der Arbeit viel verdienen kannst ... wirklich so à la Pretty Woman ... nur halt nicht mit den Traumtypen sondern mit Traum-Geld ... dieses Ziel hab ich ... irgendwann werd ich auch Geld haben.«**

Stella meint, dass sie nur die Hoffnung, dass sich ihre Situation irgendwann ändert, aufrecht gehalten hat: **»... weil ich mir dacht hab, vielleicht wirds irgendwann besser ... ja, ich hab nur von der Hoffnung glebt.«**

Für Carina steht fest, dass ihre kleine Tochter und ihr Freund essentielle Ressourcen in ihrem Leben darstellen. **»Weil ich die Kleine erstens lieb und ohne sie jetzt ... ich lieb ihn, ich will mein Leben nicht aufgeben ... es gibt nur ein Leben und warum soll ich noch mehr abstürzen als ich eh schon bin ... ich bin eh schon ziemlich ... also es gibt viele, die noch weiter unten sind, bei uns gehts eh grad noch ... also ich war schon viel weiter unten, aber ich will noch leben, ich will noch Spaß haben am Leben und ich hab auch Glücksmomente ... vor allem mitm Daniel, mit dem ich die meiste Zeit verbring eben.«**

Mercedes sieht in ihren Großeltern eine wesentliche Stütze: **»Meine Oma und mein Opa, ich bin immer wieder nach Polen gfahren manchmal und ... ja, meine Oma hat auf mich eingredet und hat immer gschaut, dass alles passt.«**

Für Janina war die Hoffnung, einen Menschen kennen zu lernen, der ihr beisteht, die treibende Kraft: **»Der Glaube an Gott,**

ich hab gwusst, irgendwann kommt ein Freund, der mir dann wirklich hilft, mit Familie und so.«

Nicole sieht die Freundschaft zu Rita als ihre Ressource an: **»Hauptsächlich sie, weil sie meine beste Freundin is und ich mach jeden Tag mit ihr dasselbe durch ... wenn ich jetzt Probleme hab, geh ich zu ihr und sie hilft mir einfach wos geht.«**

Für Andrea stellt ihre Mutter einen wesentlichen Grund dar, sich nicht das Leben zu nehmen: **»Was mich zrückhält? Meine Mutter ... das wär für meine Mutter das Allerschlimmste ... ich selbst hätt schon längst aufgeben.«**

VI. WÜNSCHE, TRÄUME, HOFFNUNGEN

Die meisten unserer Interviewpartnerinnen sind mit ihrer derzeitigen Lebenssituation nicht zufrieden; viele von ihnen wollen sich von der Prostitutions- bzw. Drogenszene lösen und wünschen sich fast durchgängig ein »normales Leben«. Zu diesem »normalen Leben« zählt für viele, eine Familie zu gründen, Kinder zu bekommen, ein Haus bzw. eine Wohnung zu besitzen und einen fixen Job zu haben. Auch Expertinnen berichten, dass bei diesen Mädchen häufig der Wunsch nach einer heilen Welt vorhanden ist und sie meist klassische bürgerliche Träume haben. Bei Carina, die bereits eine kleine Tochter hat, wird auch der Wunsch nach einem »substanzfreien« Leben deutlich: **»Ja, dass wir ein normales Leben führen können ... ohne Drogen vor allem, dass meine Kleine gsund bleibt.«**

Mercedes hat ähnliche Zukunftswünsche – sie möchte es vorrangig schaffen, sich von ihrem Bekannten- bzw. Freundeskreis abzuwenden. **»Ein normales Leben ... endlich vom Koks wegkommen ... von diese Scheißleute da ... dass ich endlich nein sagen kann zu die Drogen, dass ich neue Leute, also normale Leute, die was nicht drauf sind ... dass ichs endlich schaff, von dem Kreis wegzukommen, das is das Einzige.«**

Der Wunsch nach einem bürgerlichen Leben mit einem eigenen, festen Wohnsitz steht hauptsächlich bei den Mädchen, die derzeit ohne fixe Bleibe sind und auf der Straße leben, im Vordergrund. Wie etwa bei Nicole, die derzeit obdachlos ist: **»Dass es mir besser geht, dass ich irgendwann wieder ein normales Leben führ ... ein eigenes Dach über dem Kopf, eine Familie gründen .«** Sie erzählt aber auch von folgendem Wunsch:

»Dass ich mit ihr[73] nach Holland fahr in eineinhalb Jahren, wenn ich 18 bin ... da krieg ich Waisenpension und das sind 7000 Euro und dann: ab nach Holland!«

Viele der jungen Prostituierten wünschen sich, eine reguläre, gesellschaftlich anerkannte Arbeit zu finden oder auch eine Ausbildung zu beginnen bzw. fortzusetzen. Mercedes will ihre abgebrochene Schulausbildung wieder aufnehmen und hat bereits konkrete Berufsvorstellungen: **»Die Schule würd ich schon gern fertig machen und irgendwas weiter ... jobmäßig zum Beispiel, Verkäuferin ... irgend so was mit Mode zum Beispiel, das taugt mir auch.«**

Auch Carina macht sich Gedanken über Alternativen zu ihrer jetzigen Tätigkeit und ist sich gleichzeitig darüber bewusst, dass sie zuvor einige Dinge regeln muss: **»Dass ich schau, dass ich vielleicht sogar einen Teilzeitjob bekomm oder geringfügig irgendwas arbeiten kann, dass ich nicht mehr aufn Strich gehen muss ... von den Langsamen muss ich halt vorher runter, sonst kann ich nicht arbeiten gehen ... und das mit der Haftstrafe muss ich schauen, dass ich hinter mich bring und dann erst irgendwie anfangen.«** Wenn Janina drei Wünsche frei hätte, würde bei ihr ebenso der Wunsch nach einer regulären Arbeit bestehen – für sie steht ebenfalls fest, dass sie vorher von den Drogen wegkommen muss: **»Ich würd mir eine Wohnung, einen Hund und eine Arbeit wünschen ... Reitlehrerin von mir aus oder Tierpflegerin oder irgend so was in der Art ... ich müsst mich aber ganz auf Null runterholen ... ich möcht erst arbeiten gehen, wenn ich wirklich clean bin und klar im Kopf.«**

Jennys Zukunftswünsche betreffen vorwiegend ihren gesundheitlichen Zustand: **»Ich wünsch mir, dass ichs schaff, mein Leben lang clean zu bleiben, dass ich wieder vollkommen gsund werd ... dass zum Beispiel die Hepatitis C weggeht, dass ich auch gynäkologisch gsund bleib mein Leben lang.«**

Stella gibt folgende Wünsche an: **»Dass die Polizeistrafe erlassen wird ... 1500 Euro hab ich offen ... ich hab ja zur Zeit**

73 Rita

kein Einkommen, also kann ich auch nix zahlen ... und dass ich immer mit meinem Freund zsamm bleiben werd und dass das Familienverhältnis passt.«

Carina hat den Vorsatz, in Zukunft risikoärmer zu konsumieren: **»Das Allererste was wir uns vorgnommen haben, is auf jeden Fall, dass wir das Substitol nicht spritzen sondern schlucken ... das is das Allerwichtigste mal, weil das eben so ungsund is, weils da zu Todesfällen kommen kann ... das is das Allerwichtigste mal.«**

Die Hoffungen und Wünsche mancher Mädchen betreffen auch ihre familiären Beziehungen. Rita hat seit längerem keinen Kontakt mehr zu ihrer Mutter und leidet darunter: **»Ich würd mir wünschen ... also eigentlich nur ein Wunsch ... dass ich zurück wieder zur Mama kann, sonst ... das is das Größte was ich will ... sonst nix.«** Andrea träumt davon, die Zeit zurückzudrehen: **»... nicht am Strich gehen ... wenn ich alles rückgängig machen könnt, wenn ich jetzt drei Wünsche frei hätt ... schauen, dass ich wieder gsund werden würd, dass ich kein HIV hätt und keine Hepatitis ... und Kinder hätt ... wenn ich noch einen vierten Wunsch hätt, würde ich eine Lehre anfangen ... Tischler ... Holz lebt, das strahlt Wärme aus, das Holz. Mein geheimster Traum, mein geheimster Wunsch ist, glücklich zu sein, eine Familie zu haben und nie mehr allein zu sein ... ich wünsch mir ohne Drogen zu leben, ein glücklicheres Leben, einen Partner finden, mit dem ich glücklich bin ... eine Familie zu haben und Kinder ... ich hab eh zwei, aber die leben nicht bei mir.«** Ihrer derzeitigen Lebenssituation kann Andrea kaum etwas Gutes abgewinnen: **»So wie ich leb ... nein ... das einzige Schöne, was es gibt is, wie soll ich dir das beschreiben ... is, wenn ich in der Früh aufwach und denk, ein neuer Tag beginnt ... der blaue Himmel, wenn er halt irgendwann mal blau wird ... dann wenn man sieht, die Büsche und Blumen und wenn man die Vogerl hört in der Früh ... da fühl ich mich wie neu geboren ... ich fühl mich nur in dem Moment geborgen, also ich weiß, es is ein neuer Tag, er beginnt ganz einfach von vorn, ich kann die Fehler, die ich heut mach, morgen korrigieren ...**

und ganz einfach ... nachdenken ... wie ich ins Gift reingeraten konnt ... warum ich meine Oma verloren hab.«

Diese Mädchen und jungen Frauen mögen zwar aus der »soliden Welt«[74] geflüchtet sein, wenn sie jedoch über ihre Wünsche und Träume sprechen, wird ersichtlich, dass die Hoffnung auf ein Leben in dieser Welt trotzdem vorhanden ist und dass sie sich nichts mehr wünschen, als glücklich zu sein und ein »normales Leben« zu führen.

74 Tiede, 1997

VII. RESÜMEE

Minderjährige Mädchen, die sich prostituieren, haben fast durchgängig schmerzhafte Erfahrungen gemacht. Für manche von ihnen war der Tod einer wichtigen Bezugsperson und das daraus resultierende Gefühl, allein zu sein, ein zentraler Grund, der das Abrutschen in das Milieu begünstigte. Andere mussten mit Eltern- oder Stiefelternteilen aufwachsen, die offen vor ihnen Substanzen konsumierten und im Zuge ihres Rauschzustandes unberechenbar in ihrem Verhalten wurden. Auch Mütter, die nach der Scheidung immer wieder neue Männer nach Hause brachten und sich in weiterer Folge kaum mehr um ihre Töchter kümmerten, waren keine Seltenheit. Gewalttätige Übergriffe aber auch Desinteresse von Seiten wichtiger Bezugspersonen gehörten ebenso zu ihrer Kindheit. Sexuelle Übergriffe bis hin zu pornographischen Darstellungen stellten zusätzliche traumatische Schlüsselerlebnisse mancher Mädchen dar.

Viele mussten schon in ihrer Kindheit erkennen, dass sie sich gerade auf ihre Eltern nicht verlassen, sich sogar vor ihnen schützen müssen und lernten bereits sehr früh, sich emotional abzugrenzen. Für die meisten von ihnen war irgendwann der Punkt erreicht, an dem sie die häusliche Situation nicht mehr ertrugen und ausrissen. In vielen Fällen wurden sie von der Exekutive aufgegriffen oder sie kehrten – in dem Wissen, nirgends hingehen zu können – von alleine zurück. In manchen Fällen wurden sie vom Jugendamt aus den Familien genommen und in Heimen untergebracht, die ihnen aber auch keine passende Betreuung anbieten konnten. Ein paar Mädchen gingen von sich aus zum Jugendamt und baten darum, aus ihren Familien genommen und in einem Heim untergebracht zu werden. Auch von dort rissen viele wieder aus, da sie mit den dort herrschenden Strukturen nicht zurechtkamen. Einige wurden von einem Heim ins nächste weiter verwiesen, da sie zu »schwierig« waren.

Bei manchen Mädchen kam es im Zuge ihrer Lebenssituation auch schon früh zu ersten Selbstmordversuchen. Kurzzeitige Psychiatrieaufenthalte, die der Abklärung ihres psychischen Zustands dienten, gehörten ebenso zu den Erfahrungen, die manche schon als Kinder machen mussten. Sie mussten schon früh verinnerlichen, dass sie in ihrer Situation alleine waren und sich gerade auf ihre Eltern aber auch auf andere Erwachsene nicht verlassen konnten. Diese Erkenntnis, die auch häufig im Zusammenhang mit Pubertätskrisen auftrat, führte bei Vielen zu einer Resignation hinsichtlich ihres Vertrauens in wichtige Bezugspersonen und teilweise auch dazu, die Schule oder die Lehre abzubrechen. Zu dieser Zeit hatten schon Einige ihre ersten Erfahrungen mit Suchtmitteln gemacht. Entweder hatten ihnen FreundInnen oder ihre damaligen Partner den Zugang zu Drogen ermöglicht. Manche wandten sich kurze Zeit später der Straße zu und lernten dort zu überleben.

Viele der befragten jungen Frauen konsumierten die Drogen nicht nur aus Neugierde, sondern machten die Erfahrung, dass ihnen der Konsum auch ihre Lebenssituation, den Frust von Erwachsenen derart im Stich gelassen, ja sogar misshandelt worden zu sein, erträglicher machte.

Die erste Prostitutionserfahrung war für die meisten Mädchen ein notwendiges Übel um sich selbst, eine bestehende Drogensucht, oder den Partner (mit) zu finanzieren. Nicht bei allen war das erste Mal »Anschaffen« geplant. Bei manchen ergab es sich durch Freundinnen, die sie mitnahmen und ihnen den Strich zeigten, andere wurden von ihren Partnern geschickt oder vermittelt und einige wurden auch unvorbereitet von Freiern in der Nacht auf der Straße dazu aufgefordert. Die Gefühle beim ersten Mal waren fast durchgängig mit Abscheu und Ekel verbunden. Trotz alledem war und ist ein Leben, das hauptsächlich auf der Straße stattfindet und das Anbieten von sexuellen Dienstleistungen beinhaltet, für viele leichter zu ertragen, als in Heimen fremdbestimmt zu leben oder bei ihren gewalttätigen Eltern zu bleiben.

Auf der Straße sind sie ihre eigenen Chefinnen und können zumindest in manchen Punkten entscheiden, wie sie leben wollen und was sie tun. Viele haben nur innerhalb des Milieus Bekanntschaften – Freundschaften existieren kaum. Auch zu den Eltern besteht häufig kein Kontakt mehr. Ihr Alltag ist dadurch geprägt, dass sie permanent – aufgrund ihrer illegalen Prostitutionstätigkeit – vor der Exekutive auf der Flucht sein müssen. Werden sie bei der Prostitutionsanbahnung angetroffen, drohen ihnen Verwaltungsstrafen. Die Realität sieht so aus, dass sie im Zuge dieser Geldstrafen noch mehr Freier bedienen und bei Uneinbringlichkeit eine Haftstrafe antreten müssen. Die meisten Mädchen und jungen Frauen haben schon eine hohe Anzahl derartiger Strafen erhalten, folglich auch große Schulden und mussten in vielen Fällen schon für einige Zeit ins Gefängnis. Die obdachlosen bzw. wohnungslosen jungen Prostituierten unterliegen zusätzlich dem Druck, sich täglich Schlafplätze organisieren zu müssen, die sie auch notgedrungen bei Freiern – verbunden mit sexuellen Dienstleitungen – finden. Viele von ihnen waren schon ein Mal oder mehrere Male schwanger. Einige haben ihre Kinder auf die Welt gebracht andere haben sie verloren oder auch abgetrieben. In fast allen Fällen konnten sie die Kinder aufgrund ihrer Lebenssituation nicht behalten und mussten einmal mehr einen Verlust erleben, der sie sehr traf.

Bei nahezu jedem interviewten Mädchen existiert ein massives Gefühl von Einsamkeit, das sie durch das Eingehen von Partnerschaften zu betäuben versuchen. Viele empfinden es immer noch besser einen gewalttätigen Partner zu haben, der sie auf den Strich schickt, als ihre Einsamkeit in vollem Ausmaß spüren zu müssen. Die meisten dieser Mädchen haben sich durch ihre oftmals bestehende Drogensucht mit dem Hepatitis C-Virus angesteckt und manche auch mit HIV. Die Freier, die häufig gewalttätig sind und auch unabgesprochene Sexualpraktiken verlangen, bestehen fast ausschließlich auf Verkehr ohne Kondom. Ein Selbst- und Fremdschutz ist somit kaum möglich. Ihr Selbstwertgefühl ist in fast allen Fällen schwer beeinträchtigt, da das Wissen um ihre Tätigkeit sie selbst entwürdigt – sie verachten sich dafür. Durch ihr Leben in der Illegalität, ohne Unterstützung, bewegen sie sich am Rande der Gesellschaft. Sie erleben tagtäglich, dass sie ausgeschlossen sind und nur sich selbst vertrauen können.

Anhand dieser Erkenntnisse wird deutlich, dass Mädchen und junge Frauen, die sich prostituieren mit vielen Kränkungen, Enttäuschungen und Traumata aus der Kindheit zurechtkommen müssen. Manche von ihnen benutzen Substanzen, um diese Gefühle zu betäuben, für andere ist schon alleine der Sex mit Freiern eine Möglichkeit um Interesse, Zuneigung bzw. Beachtung zu erhalten. Es gibt auch junge Frauen, die das Anschaffen vorrangig dazu nutzen, um sich selbst zu finanzieren und frei, d.h. ohne Repressionen durch staatliche Einrichtungen oder Erziehungsberechtigte, zu leben. Die vordergründigen Motivationen, sich und den eigenen Körper zu verkaufen, sind vielfältig. In den meisten Fällen liegen ihnen aber tiefe Verletzungen zu Grunde und das Gefühl, unerwünscht zu sein. Wurden viele schon in ihren Ursprungsfamilien mit Situationen konfrontiert, die kaum ein Kind unbeschadet überstehen kann, so kamen sie später mit staatlichen

Hilfseinrichtungen des Jugendwohlfahrtsträgers in Kontakt, die ihnen ebenfalls keine adäquate Betreuung bieten konnten. Eine Kindheit, in der von ihnen verlangt wurde, Aufgaben zu übernehmen, wie beispielsweise für die tablettenabhängige Mutter Suchtmittel zu besorgen oder in einer Familie zu leben, in der der Vater oder die Mutter durch ihre Sucht zu einer »tickenden Zeitbombe« wurde, bedeutet, früher als Andere erwachsen werden zu müssen. Aus der Familie genommen zu werden bzw. sogar freiwillig um eine Unterbringung in einem Heim zu bitten, wo erwartet wird, dass sich die Mädchen in fixe, kindgerechte Strukturen einfügen, die sie von zu Hause nicht kennen, kann nur fehlschlagen und zu Frustrationen führen. Ihre Weitervermittlung von einer in die nächste Einrichtung, in der Hoffnung, ein passendes Betreuungsangebot zu finden, bestärkt das Gefühl der Mädchen, unerwünscht und unzulänglich zu sein. Die Konsequenz daraus, nämlich auch den staatlichen Einrichtungen den Rücken zu kehren und sich erneut auf sich selbst zu verlassen – was sie schon in ihren Familien schmerzlich lernen mussten – ist nachvollziehbar und dient als Überlebensstrategie. Es wäre daher vorschnell und unüberlegt, diese Mädchen als im Grunde nur unwillig und schwer erziehbar zu bezeichnen. Sie benötigen einen anderen Zugang zu Hilfsangeboten, der weder repressiv noch an Auflagen geknüpft ist. Zuallererst muss Vertrauen hergestellt werden, das diese Mädchen erst sukzessive erlernen müssen. In vielen Fällen waren gerade ihre engsten Bezugspersonen keine Menschen, denen sie vertrauen konnten, die ihnen als Vorbild dienten oder ihnen einen positiven, respektvollen Umgang mit anderen Menschen beigebracht haben. Es ist daher eine unrealistische Forderung, von diesen Mädchen zu erwarten, dass sie die Voraussetzungen erfüllen, um sich in bestehende Betreuungskontexte einfügen zu können. Obwohl die meisten Mädchen und jungen Frauen gerne irgendwann wieder – oder erstmalig – in die Gesellschaft integriert werden würden, wünschen sie es sich trotzdem nicht um jeden Preis. Viele haben die

Hoffnung, irgendwann einmal aus dem Milieu auszusteigen, ein bürgerliches Leben zu führen und von der eigenen Familie aufgenommen und geliebt zu werden.

Hier gilt es allerdings, erst ein Konzept zu verwirklichen, das diesen Mädchen zuallererst zeigt, dass die Gesellschaft auch an ihnen Interesse hat und dass Hilfe und Unterstützung nicht an Erwartungen geknüpft sind. Einer Gruppe von jungen Menschen, die derart verletzt, traumatisiert und enttäuscht worden ist, muss Unterstützung zugesichert werden, die sich an ihrer derzeitigen Lebenssituation orientiert und sie nicht überfordert.

All diese Mädchen und jungen Frauen sind Überlebenskünstlerinnen, die tagtäglich die schwierigsten und gefährlichsten Situationen meistern müssen – nur reicht ihre Energie gerade zum Überleben, jedoch nicht, um von alleine und ohne Unterstützung auszusteigen. Ein Hilfsangebot muss daher primär die vorhandenen Stärken der Mädchen fördern. Nach einer Untersuchung der derzeit bestehenden Hilfsangebote in Wien wird deutlich, dass es kein Projekt gibt, das diese Mädchen und jungen Frauen zielgerichtet auf ihre Bedürfnisse und Problemlagen unterstützt. Die Mädchen werden zwar zum Teil bzw. peripher medizinisch betreut – im Rahmen einer Substitutionstherapie, einer Hepatitis C-Therapie oder von psychiatrischer Seite –, es existieren aber keine Hilfseinrichtungen mit dem Schwerpunkt Jugendprostitution.

Die Aussagen der Mädchen und der befragten Expertinnen ermöglichen die Skizzierung eines wirksamen und umfassenden Unterstützungssystems, das sowohl Hilfestellungen in den derzeitigen Lebenssituationen, als auch längerfristig einen Ausstieg realisierbar machen könnte. Dieses Projekt gilt es zu verwirklichen. Es müsste einen anonymen und freiwilligen Zugang bieten und Grundbedürfnisse – beispielsweise Schlafplätze, die jederzeit und bedingungslos in Anspruch genommen werden dürfen – abdecken.

Minderjährige Prostituierte ihrem Schicksal zu überlassen, ist verantwortungslos und unwürdig für eine Gesellschaft, die Sexindustrie fördert. Zu negieren, dass diese Mädchen und jungen Frauen existieren, ist klarerweise keine Variante. Und auch für Mädchen, die keinerlei Ausstiegsphantasien haben, muss die Option offenstehen, das Leben auf dem Strich bestmöglich und ohne Repressionen zu überleben.

DANKSAGUNG

Unser größter Dank gilt unseren Interviewpartnerinnen, den Mädchen und jungen Frauen, ohne deren Mithilfe und Offenheit die Studie und dieses Buch nicht entstehen hätten können. Sie haben uns durch ihr Vertrauen und ihre Bereitschaft, uns ihre zum Teil sehr tragischen Erlebnisse zu schildern, die Möglichkeit eröffnet, einen Einblick in ihr Leben zu gewinnen. Weiters danken wir der Magistratsabteilung 15 sowie der Magistratsabeilung 57 und der FH St. Pölten für ihre finanzielle Unterstützung.

Unser Dank gilt auch all jenen Personen und Organisationen, die durch ihr Wissen, ihr Engagement und ihre Kooperation ebenso zum Gelingen dieser Arbeit beigetragen haben, hier insbesonders
Gerlinde Balluch
Christina Boidi
Karl Dvorak
Ewald Filler
Gabriele Gerhardter
Susanne Hoffmann
Brigitte Jantscher
Elisabeth Mayer
Emilia Mitrovic
Anke Mohnert
Veronika Munk
Maria Olivier
Margit Putre
Michael Reisenhofer
Beate Rhein

Helmut Sax
Tom Schmid
Josef Simhandl
Sarah Shaw
Sandra Szynkariuk-Stöckl
Michael Vagner
Monika Vyslouzil
Sybille Zumbeck
Heike Zurhold.

LITERATURVERZEICHNIS

BODENMÜLLER, Martina (2001): Auf der Straße leben – Zur Lebenssituation wohnungsloser Mädchen und den Konsequenzen für die Jugendhilfe. In: Retza, Burglinde/Weber, Monika: Mädchen auf der Straße – im Blick von Jugendhilfe, Forschung und Mädchenarbeit. IGfH-Eigenverlag, Frankfurt am Main

GUGGENBÜHL, Lisa/Berger, Christa (2001): Subjektive Risikowahrnehmung und Schutzstrategien sich prostituierender Drogenkonsumentinnen, Studie im Rahmen des Nationalen Aids-Forschungsprogrammes des Schweizerischen Nationalfonds, Forschungsbericht aus dem Institut für Suchtforschung

HENSCHEL, Angelika (1994): Obdachlosigkeit und Wohnungslosigkeit unter weiblichen Blickwinkel. Verlag C.H. Wäser, 2. Auflage, Bad Segeberg

JAHRESBERICHT DORTMUNDER MITTERNACHTSMISSION (2003): d1a.de/mitternachtsmission, 12.04.2006

MILLHAGEN, Susann (1986): Gefühle kann man nicht kaufen – Das Buch zum Thema Jugendprostitution. Rowohlt Taschenbuch Verlag GmbH, Reinbeck bei Hamburg

PARTENHEIMER, Sabine (1997): Kinder- und Jugendprostitution in Deutschland. Analyse der Voraussetzungen und Handlungsmöglichkeiten von Jugendlichen. Shaker Verlag, Aachen

SCHUSTER, Martina (2003): Kampf um Respekt. Eine ethnografische Studie über Sexarbeiterinnen. Tübinger Vereinigung für Volkskunde Verlag, Tübingen

STREHMEL, Petra/**ULICH**, Dieter (1998): Arbeitslosigkeit als Entwicklungskrise im frühen und mittleren Erwachsenenalter. In: Oerter, Rolf/Montada, Leo: Entwicklungspsychologie. Beltz Psychologie VerlagsUnion, 4. Auflage, Weinheim, Basel, Berlin

TIEDE, Isabell (1997): Mädchenprostitution. Ein Versuch aus dem Elternhaus auszubrechen. Rowohlt Taschenbuch Verlag GmbH, Reinbeck bei Hamburg

WARNS, Clemens (1994): Soziokulturelle Aspekte der Sucht – Impressionen aus Lebenswelt und Innenwelt von Drogenabhängigen. In: Nowak, Manfred/Schifman, Richard/ Brinkmann, Rüdiger: Drogensucht. Entstehungsbedingungen und therapeutische Praxis. F.K. Schattauer Verlags GmbH, Stuttgart

AUTORINNEN

CAROLIN TENER,
1979 in Wien geboren und dort aufgewachsen und

TINA RING,
geboren 1979 in Wien, aufgewachsen in Niederösterreich. Beide schlossen 2005 ihr Studium an der Fachhochschule St. Pölten für sozialwissenschaftliche Berufe ab. Ihr Interesse für die Situation von jugendlichen Prostituierten entwickelte sich im Zuge eines Langzeitpraktikums in Hamburg. Gemeinsam arbeiteten sie zwei Jahre lang an einer umfassenden Untersuchung über die Lebenssituation und die Hintergründe junger, sich prostituierender Mädchen in Wien.